秋松鶴 著

四柱秘典

서울巫卜易術人善導會

序文

西洋은 科學이요 東洋哲學이라고 論할수 있을 程度로 西洋은 科學의 世界며 東洋은 哲學이 主觀的으로 人生을 大別하는 것 같은 느낌이 든다. 哲學은 道學으로 人間의 個體的 生存에 有益하게 하여 주고 있기 때문이다.

그러나 從來의 우리社會에서는 道學을 한 人士들이 조금도 社會的인 幸福을 爲해서는 努力하지 않고 오직 個人的인 利益만 爲하여 惡用하였고 現世代에서 惡用하고 있으니 그것이 社會의 暗的 要素가 되였고 그로 因해 人으로부터 酷評을 받는게 아닌가.

道學은 修己學과 治人學으로 兩分할 수 있다. 道學을 어느 곳에 配置하여도 學術인 것만은 일 수 없는 事實일 것이다. 이렇게 하여 證明이 되는 哲學의 根源인 四學을 硏究는 커녕 수박 겉할 기, 式으로, 自己 대로의, 推測대로, 惡用하고 있으며 좀더 哲學이 무엇이며 四柱學이 무엇인가 를 아는者 누구이겠는가? 모르는 것을 아는척 하여서 生存에만 利用을 할 것이 아니고 生存도 버릴 수는 없지만 좀더 哲學에 忠實하여 人間의 運命을 開拓해 주는 仁術이 되고 後孫을 爲해서

著者가 四柱推命學을 硏究實習한지 어언간 二十年前부터인데 그동안 命理法으로서 實驗을 해본 즉 擧皆가 付合되니 참으로 驚異의 感을 不禁하였다. 그의 內容인즉 오직 干支를 陰陽五行으로 보아 그외 相生相剋으로서 運命을 判斷하는 것에 不過한데 거기에는 秋毫도 迷信이 介在할 수 없이 整然한 理論이 있으니 이것은 하나의 科學이다. 西洋의 物理學은 空間的으로 存在한 物質을 對象을 해서 直接的으로 實驗하는 科學임에 反하여 東洋의 命理學은 時間的으로 出生한 人生을 對象으로 해서 干支를 推命하는 科學이다. 나는 命理學을 發見한 後로는 干支를 만드신 東洋聖人의 能知에 驚嘆 아니할 수 없었다. 이것이 所謂 天地의 化育에 參與한 것이 아니겠는가. 그러므로 나는 命理學에 有益한 眞理가 있음을 確信하고 그것을 專門으로 硏究해서 不幸의 길로 가는 者에게 幸運의 길을 알게해 주었으면 하는 生覺으로 本書를 刊行하게 되였으니 命理學界에 一縷의 光明이 될 것을 믿어 나는 이에 滿腔의 贊意를 받으며 將來의 發展을 祈願하는 바이다.

도, 더욱, 周易, 哲學等을 硏究하였으면 하는 生覺 간절하며 世人이 迷信으로만 認定하지 않게 推命學의 眞理를 學文的으로 硏究하기를 바라면서 이 册子를 著書하게 되였다.

西紀 一九七六年 三月　　日

著者　秋　松　鶴　識

推薦辭

秋松鶴先生의 心血을 기우린 著書이기에 此四柱秘典은 斯學界의 發展에 크게 貢獻하리라 믿어 疑心치 않고 江湖諸賢께 自信하고 推薦한다.

只今까지 出版된 斯學의 書籍은 數多하나 大部分이 古書의 飜譯아니면 中國 日本等에서 出版된 書籍을 飜譯加味한 것들이다. 따라서 內容인즉 大慨가 大同小異하며 類似하여 進展이나 開發한 혼적이 보이지 않아 斯學을 硏究하는 學者들에 倦怠感을 주고 있다. 그러나 此書는 그러한 解釋理解하기 어려운 點을 現實에 알맞고 알기쉽게 秋松鶴先生이 二十餘年間 실지 經驗을 土臺로 漢文에 能通하지 않은 初學者라도 손쉽게 實鑑定에 適中된 秘法을 收綠한 것으로 斯界諸賢은 一讀하기 바란다.

命理學이란 모든 術學의 淵源이고 推命學이라면 運命을 推理하는 術學이라고 본다. 따라서 此書를 四柱秘典이라고 한 것은 이러한 것을 根底로 人生運命을 推斷하는 捷徑으로서 秋松鶴先生의 經驗한 秘法을 集綠기 때문에 秘典이라 命名한 것으로 안다. 따라서 此書의 特徵은

一. 文化의 度가 最高度로 發展한 現世紀에 있어서 貴重한 時間과 精力의 無謀한 消耗를 最大限

으로 短縮했다는 點。

二、深奧한 學術에 치우치지 않고 現實에 알맞고 初學者라도 곳 理解하여 運命判斷을 할 수 있다는 點。

以上 簡單히 詔介하여 知職人이라면 謙虛한 마음으로 一讀하기 바란다。

丙辰年 仲春

子房 徐 康 昇

目次

第一編 運命學基礎法

第一章 六十甲子 解說 ··· 9
第二章 各節期 解說 ·· 12
第三章 四柱 定理法 ·· 18
第四章 天干 地支合 五行 ····································· 22
第五章 四柱定法 ·· 30
第六章 十二支名 配屬法 및 相生相剋 ····················· 34
第七章 十二運星法 ··· 38
第八章 日柱祕法 ·· 48
第九章 月律藏干法 ··· 49

第十章　各種 冲破害殺見法……52
第十一章　各殺 空亡法……66
第十二章　喜神殺……73
第十三章　強神殺……90
第十四章　流年 判斷法……128
第十五章　簡略運解……134
第十六章　日干五行과 月節의 喜忌……148
第十七章　六神配合法……181
第十八章　鑑定順序……199
第十九章　旺衰强弱의 理法(旺相休囚)……201
第二十章　六神秘法……206
第二十一章　性格判斷法……212

第二編 運 解

第二十二章 人生運路 各種秘訣……………221

第二十三章 各種秘訣……………246

第二十四章 日辰 秘法 및 各種特別運命……………249

第一編 運命學基礎法

第一章 六十甲子解說

天干 및 地支六十甲子 및 五行說

(1) 天 干

天干이란 하늘천하니 하늘의운기를 추측하고 하늘의 內部組織이 어떻게 되여 있다는 것을 학술적 五行으로 해설해놓은 것이라 하겠다.

천간	甲	乙	丙	丁	戊	己	庚	辛	壬	癸
	갑	을	병	정	무	기	경	신	임	계
음양	陽	陰	陽	陰	陽	陰	陽	陰	陽	陰

(2) 地 支

地支란 한문자로 따지자를 붙였다 즉땅이란 뜻이며 땅에도 음(陰)과 양(陽) 五行음양에 배속되여있고 各種五行이 서로 서로 配合되여있다는 것을 학술로 만들어 놓은 것이 즉 地支이다.

※ 易理學을 연구하는 사람은 必히 암기할것

음양	지지	
陽	子	자
陰	丑	축
陽	寅	인
陰	卯	묘
陽	辰	진
陰	巳	사
陽	午	오
陰	未	미
陽	申	신
陰	酉	유
陽	戌	술
陰	亥	해

(3) 五 行

天干과 地支의 陰陽은 알었으나, 五行은 모르니 五行을 알어야 된다. 易理學이란 글자를 바꾸여서 해석하고 바꾸워서 감평하는 학설이다.

五 行 屬 圖 表

陽	陰	五行	陽	陰	方位
甲	乙	木	寅	卯	東方
丙	丁	火	午	巳	南方
戊	己	土	辰戌	丑未	中央
庚	辛	金	申	酉	西方
壬	癸	水	子	亥	北方

※ 甲은 陽이며 木에속하고, 乙도木에 속하며, 寅도木인데 陽木이고, 卯도木인데 陰木이다. 辰戌은 土인데 陽土이며 丑未도土인데 陰土에해당한다. 암기 요망하며 五行을 한발자국 앞에서 말한다면 五氣라고도 한다. 五行이라고 하는 것은 五氣를 변동시킨 말이다.

(4) 六十甲子

六十甲子란 天干十字와 地支十二字를 처음글자부터 서로서로 合字시킨 것이며 하늘에 陽과 땅에 陽은 같이 상통되는 점이 있다고 본다. 그러나 하늘에 陰과 땅의 陰은 질투와 시기로 가득차서 배합이 되지 않는다.

六十甲字圖表

甲子 갑자	丙子 병자	戊子 무자	庚子 경자	壬子 임자
乙丑 을축	丁丑 정축	己丑 기축	辛丑 신축	癸丑 계축
丙寅 병인	戊寅 무인	庚寅 경인	壬寅 임인	甲寅 갑인
丁卯 정묘	己卯 기묘	辛卯 신묘	癸卯 계묘	乙卯 을묘
戊辰 무진	庚辰 경진	壬辰 임진	甲辰 갑진	丙辰 병진
己巳 기사	辛巳 신사	癸巳 계사	乙巳 을사	丁巳 정사
庚午 경오	壬午 임오	甲午 갑오	丙午 병오	戊午 무오
辛未 신미	癸未 계미	乙未 을미	丁未 정미	己未 기미
壬申 임신	甲申 갑신	丙申 병신	戊申 무신	庚申 경신
癸酉 계유	乙酉 을유	丁酉 정유	己酉 기유	辛酉 신유
甲戌 갑술	丙戌 병술	戊戌 무술	庚戌 경술	壬戌 임술
乙亥 을해	丁亥 정해	己亥 기해	辛亥 신해	癸亥 계해

第二章 各節氣解說

年頭 및 時頭 二十四節期說

(1) 年頭法

甲年은 언제던지 正月은 丙寅月이며 二月은 丁卯月로 된다。 또는 己年은 언제나 正月은 丙寅月이고 二月은 丁卯月式으로 나가는데 언제나 每年 正月은 寅月이며 二月은 卯月、三月은 辰月、四月은 巳月、五月은 午月、六月은 未月、七月은 申月、八月은 酉月、九月은 戌月、十月은 亥月、十一月은 子月、十二月은 丑月이 된다。

年　頭　法		
甲己之年	丙寅月	
갑기지년	병인월	
乙庚之年	戊寅月	
을경지년	무인월	
丙辛之年	庚寅月	
병신지년	경인월	
丁壬之年	壬寅月	
정임지년	임인월	
戊癸之年	甲寅月	
무계지년	갑인월	

※ 가령 甲子年에 출생한 사람이라면 甲己年에는 正月은 丙寅月했으니 甲子年生 三月에 出生했

으면 戊辰月에 出生한 사람이라고 보라.

여기 도표에 의하여 정리하여 보면

年＼月	一月	二月	三月	四月	五月	六月	七月	八月	九月	十月	十一月	十二月
甲己之年	丙寅頭	丙寅	丁卯	戊辰	己巳	庚午	辛未	壬申	癸酉	甲戌	乙亥	丙子	丁丑
乙庚之年	戊寅頭	戊寅	己卯	庚辰	辛巳	壬午	癸未	甲申	乙酉	丙戌	丁亥	戊子	己丑
丙辛之年	庚寅頭	庚寅	辛卯	壬辰	癸巳	甲午	乙未	丙申	丁酉	戊戌	己亥	庚子	辛丑
丁壬之年	壬寅頭	壬寅	癸卯	甲辰	乙巳	丙午	丁未	戊申	己酉	庚戌	辛亥	壬子	癸丑
戊癸之年	甲寅頭	甲寅	乙卯	丙辰	丁巳	戊午	己未	庚申	辛酉	壬戌	癸亥	甲子	乙丑

※ 다시 말해서 甲子年生이 正月에 出生했다면

年 甲子
月 丙寅 式이 되며

戊子年生이 四月에 出生했다면

年 戊子
月 丁巳 式이 된다.

※ 生日은 송학만세력에서 그대로 찾는다.

(2) 時頭法

出生한날의 日辰이 甲日이나 己日에 出生했다면 子時는 甲子時가 되며 丑時는 乙丑時에 出生했다고 본다.

時	頭	法
甲己日은	甲子時	乙庚日은 丙子時	丙辛日은 戊子時
갑기일	갑자시	을경일 병자시	병신일 무자시
丁壬日은	庚子時	戊癸日은 壬子時	
정임일	경자시	무계일 임자시	

여기 도표에 의하여 정리하여 보면

生日\生時	子時	丑時	寅時	卯時	辰時	巳時	午時	未時	申時	酉時	戌時	亥時
甲己日生	甲子	乙丑	丙寅	丁卯	戊辰	己巳	庚午	辛未	壬申	癸酉	甲戌	乙亥
乙庚日生	丙子	丁丑	戊寅	己卯	庚辰	辛巳	壬午	癸未	甲申	乙酉	丙戌	丁亥
丙辛日生	戊子	己丑	庚寅	辛卯	壬辰	癸巳	甲午	乙未	丙申	丁酉	戊戌	己亥
丁壬日生	庚子	辛丑	壬寅	癸卯	甲辰	乙巳	丙午	丁未	戊申	己酉	庚戌	辛亥
戊癸日生	壬子	癸丑	甲寅	乙卯	丙辰	丁巳	戊午	己未	庚申	辛酉	壬戌	癸亥

가령 甲子年 一月 十日子時라면

年 甲子 위와 같은 四柱가 된다. 가령 丑時면 癸丑時가 되며 寅時라면 **甲寅時가 될것이다.**

月 丙寅
日 癸亥
時 壬子

(3) 운명감정할때는 二十四절기중에서 十二절기만 사용한다.

二十四절후는 매월의 운명의 대명사다. 그러나 운명감정 四柱해석에는 十二절기만 사용한다.

즉 正月은 立春이 드는 날부터 正月이 된다. 경첩前日까지는 立春節氣日이니 正月이되고 경첩

부터 청명드는날까지는 二月이되므로 청명일부터 입하일까지는 三月이 된다. 그러므로 四柱를 정리할때 절기에 따라서 月建을 정리하여간다.

十 二 節			
正月立春	二月驚蟄	三月淸明	四月立夏	五月芒種	六月小暑
정월입춘	이월경칩	삼월청명	사월입하	오월망종	유월소서
七月立秋	八月白露	九月寒露	十月立冬	十一月大雪	十二月小寒
칠월입추	팔월백로	구월한로	시월입동	십일월대설	십이월소한

※ 항상말하는 節氣란 것은 이상과 같이 말한 立春 驚蟄等은 절(節)이며 雨水, 春分等은 氣라 하여 一年은 二十四節氣라고 하는 것이다.

또한 현재까지의 立春 驚蟄等은 절(節)이라고 한다. 이외에 十二개의 기(氣) 雨水, 春分, 穀雨, 小滿, 夏至, 大暑, 處暑, 秋分, 霜降, 小雪, 多至, 大寒等은 十二氣라고 하는데, 十二氣는 四柱 정리하는데 使用하지 않는다.

(4) 定時法

자기의 出生時間이 十二地支 어디에 해당하는 것인가를 알아야 한다.

定 時 法

밤 11시 부터	새벽 1시 부터	새벽 3시 부터	새벽 5시 부터	아침 7시 부터	아침 9시 부터	낮 11시 부터	오후 1시 부터	오후 3시 부터	오후 5시 부터	밤 7시 부터	밤 9시 부터
새벽 1시 까지	새벽 3시 까지	새벽 5시 까지	아침 7시 까지	아침 9시 까지	낮 11시 까지	오후 1시 까지	오후 3시 까지	오후 5시 까지	오후 7시 까지	밤 9시 까지	밤 11시 까지
子時	丑時	寅時	卯時	辰時	巳時	午時	未時	申時	酉時	戌時	亥時

※ 正時中에서 子時는 十一時부터 새벽 一時까지인데 十一時부터 十二時까지 出生者는 夜子時라 부르고 十二時부터 새벽 一時까지 사이에 出生者는 明日아침에 出生했다고 하여서 明子時라

고 명칭한다. 그러므로 夜子時는 十二時 以前외 日辰(日干)으로 時頭하고 十二時이후외 子時는 明日의 日辰(日干)으로 時頭한다.

第三章 四柱定理法

(1) 첫째 만세력(萬歲曆)을 준비할것

가령 戊寅年四月六日辰時生이라면(一九三八年生) 만세력에서 一九三八年 戊寅年이 있는곳을 찾아서 出生年은 戊寅年이니 그대로 戊寅을쓰고 生月四月은 戊寅年달력에서보니 丁巳月이라되여 있고, 四月六日을 보니 初一日의 日辰은 壬辰日이라고 되여있으니 壬辰부터 六번째가 丁巳日이니) 여섯번을 세여나가니 즉 壬辰, 癸巳, 甲午, 乙未, 丙申, 丁酉하여 六번째가 丁巳日이 그러므로 出生日은 丁酉日生이다. 時는 辰時라고했으니 丁, 壬日은(時頭法에서) 庚子時부터 세여나가라 하였으므로 庚子부터 辰이될때까지 세여나간다. 故로 庚子, 辛丑, 壬寅, 癸卯, 甲辰하여 즉 時는 甲辰時가된다. 그러므로 戊寅年四月六日辰時生의사람四柱는 戊寅年 丁巳月 丁酉日 甲辰時가된다.

그러나 여기에서 꼭 살필것은 十二節을 만세력볼때 살펴라. 만세력을보니 戊寅年四月七日은

戊戌日 午時正三刻에 立夏가 들었으니 즉, 七日午時이전 出生者는 四月生이 되니 立夏前出生者이므로 三月의 月建을 사용한다.

戊寅年 四月 六日 辰時生이라면

秋松鶴萬歲曆이나 他 만세력에서 보시라

年	戊寅	土	木
月	丙辰	火	土
日	丁酉	火	金
時	甲辰	木	土

(例) 甲子年 二月 十五日 亥時生이라면 (一九二四年生)(만세력에서) 二月 一日에 二月節氣인 驚蟄이 들었으니 二月 一日부터 淸明이 드는 날까지는 二月의 出生者가 되여, 二月의 월건을 사용한다. 日柱는 出生日 그대로 찾어 日柱를 쓰면되고, 時는 時頭法에서 戊日生은 壬子時부터 사용하라 했으니, 壬子부터 亥時까지 六甲을 계산하여나가니 壬子, 癸丑, 甲寅, 乙卯, 丙辰, 丁巳, 戊午, 己未, 庚申, 辛酉, 壬戌, 癸亥하여 癸亥時가 되였다. 이런式으로 四柱를 작성하면 되는데 앞에서도 말했듯이 時間이 밤 十一時부터 十二時까지의 子時는 十二時 이전의 日天干으로 時頭作하고 밤 十二時부터 새벽 一時까지의 子時는 明子時이니 十二時 이후의 日辰인 日天干으로 時頭作하라.

甲子　　甲子年二月十五日子時生의　四柱는　위와같이　構成된다.

丁卯

戊戌

壬子

例를들면　戊子日　밤　十一時부터　밤十二時사이에　出生한　사람은　戊를가지고　時頭法에　의하여　壬子癸丑甲寅式으로　나아가서　壬子時가　되고　己丑日　새벽十二時부터　새벽一時까지　出生者는　明子時가　되여　己日子時이니　甲己日은　甲子時가　된다.

이 될때까지　甲子、乙丑、丙寅、丁卯、戊辰하여　戊辰時라고　하면　辰時라면　辰이 될때까지 甲子, 乙丑, 丙寅, 丁卯, 戊辰하여 戊辰時라고 하면 된다.

(2) 五行의 운세

五行이란　삼라만상이　다　五行에　부속되지　않는　것이　없다. 하물며　땅과　하늘도　땅은　음이며　하늘은　양이며　사람의　신체에도　陰과　陽의　五行이　배속되여　있다. 六甲天干地支에서　五行은　前編에서　말했듯이　木은　甲이며　乙도　木인데　甲은　陽木이고、乙은　陰木이라　했다.

또　地支寅은　陽木이며、卯는　陰木이라고　했다.

즉　五行中에서　한개의　五行이　四柱內에　많을때　또는　四柱八字에　없는　五行이　있을때　다시　말하자면　木火土金은　두개나　한개　또는　세개씩있는데　水가　없다면　不見水則家宅이　難久가　된다

즉 집을 오래 거느리지 못한다는 뜻이니 집하나 가지고 살 八字가 아니란 뜻이 된다. 그러므로 누구나 四柱八字에서 五行이 다 구비되여서 서로 상생이 되는 것이 좋다.

(ㄱ) 四柱內에 五行이 많이 있을때(三개이상)

土多則 財錦旺盛 (재산이 부귀로 되며)
토다즉 재금왕성

火多則 身病多有 (신상에 병이 떨어질날이 없고)
화다즉 신병다유

木多則 女子運氣 (생김이 여자처럼 되였다)
목다즉 녀자운기

金多則 人物特殊 (사람이 똑똑하다)
금다즉 인물특수

水多則 可知淫亂 (바람을 많이 피운다)
수다즉 가지음란

(ㄴ) 四柱內에 五行이 하나도 없을때

不見土則 貰房難免 (항상 세방살이를 하게 된다)
불견토즉 세방난면

不見水則 家妻離別 (고향과 부부가 이별하게 되며)
불견수즉 가처이별

不見木則 床破之象 (의식의 구애를 받게되면)
불견목즉 상파지상
不見火則 累次娶妻 (여러번 남녀간에 결혼하는 수 있으며)
불견화즉 루차취처
不見金則 人不來敗家 (항상 사람과 유대가 잘되지 않는다)
불견금즉 인불래패가

第四章 天干地支合五行

(1) 天干合

甲은 木이며 己는 土이다. 그러나 陽木과 陰土는 서로 만나면 좋아하면서 五行이 새로운 것이 발생한다. 즉 甲과 己가 만나면 合이되는 동시 土가된다. 역시 合이 되는 五行을 四柱에 追加 가산시켜서 四柱內 五行이 많고 적은 것을 구별 판단하라.

甲己合土, 乙庚合金, 丙辛合水, 丁壬合木, 戊癸合火 가 된다.

上記 天干合을 간략하여 말하기를 天字를 버리고 干合이라고도 하는데 生年月日時中 어느곳이나 다시 말해서 年과 時에 甲이나 己가 있던지 日과 時에 甲이나 己가 있던지 二개의 天干이

있는 四柱는 干合이 있다고 한다.

그리하여 四柱內에 干合이 있어서 감정하면 된다.

※ 干合은 陽干으로 부터 陰干과 結合이 되어서 干合이 되는데 陽干은 내몸이며 陰干은 妻에 해당하는 干으로 되어 夫婦의 情合하는 뜻으로 된것이다.

干合圖表

| 化 | 甲夫 ─ 己婦 | 化 | 庚夫 ─ 乙婦 |
| 土 | | 金 | |

水 ─ 辛婦 ─ 丙夫 化

木 ─ 丁婦 ─ 壬夫 化

火 ─ 癸婦 ─ 戊夫

◎ 甲己合이 있는 四柱는 분수를 알며 넓은 마음과 아량을 가지고 있고 항상 점잖하며 남과 다투지 아니하고 그러나 간혹 냉정한 者도 있다. 日天干이 甲日인데 他柱에 己가 있을때는 지능이 부족하고 信用은 있다. 코가 크다.

日天干이 己日인데 他柱에 甲이 있을때 목소리가 탁하고 信義가 없고 사귀여서는 안될사람 이다. 코가 납작하다.

◎ 甲日生이 己와 干合하면 妻權이 强하고 萬一 男 己日生이 甲과 合이되면 妻는 多情하다.

◎ 乙庚合은 어질고 강직하며 乙日生으로 庚이 他柱에 有하면 경솔하고 無識하며 치아가 나쁘다. 庚日生으로 乙이 他柱에 有하면 이가 튼튼하며 식욕이 왕성하다.

庚日生이 乙과 干合하면 家庭이 윤택해지고, 平生 幸福하다. 男 乙日生이 庚과 干合하면 妻는 虛弱해지고 性慾이 弱하다.

◎ 丙辛合은 色을 좋아하며 잔인한 성질이 있다. 女子는 간부를 두고 또는 사귈수 없는 사기꾼이며 거짓말쟁이다. 丙日生으로 他柱에 辛이 有면 禮儀문란하고 丙日生이 辛과 干合하면 妻權이 강하다. 男辛日生이 丙과 干合하면 妻權이 強하다.

◎ 丁壬合은 好色家이며 마음이 깨끗치 못하고 응큼하며 컴컴하다. 丁日生으로 他柱에 壬이 有면 心小하고 질투심 強하고 몸이마르고 키가 큰사람이다. 壬日生으로 他柱에 丁이 有면 性質이 急하고 속이 좁고 몸이 적고 작은 키다. 壬日生이 丁과 干合하면 夫婦和睦하며 色情도 强하다.

◎ 戊癸合은 美男美女로 태어나지만 人情이 없고 冷情하며 正式으로 結婚못하는 者 많다. 戊癸合으로 男女間에 美男美女와 살게 된다. 한평생 풍파있고 戊日生으로 他柱에 癸가 有면 밖으로는 人情이 있는 것같이 처세하지만 內心은 박정하며 戊日生으로 他柱에 戊가 有면 질투심 많고 始作은 잘하나 끝이 허무하며 忍耐心이 없고 男子는 늙은 女子와 결혼하며 女子는 나이 많은 男子와 結婚하고 얼굴이 희다. 癸日生으로 얼굴색이 붉은 사람이 많다.

戊日生이 癸와 干合하면 夫婦化合한다. 他柱에 또다시 癸가 있으면 再婚女子를 얻는다.

癸日生이 戊와 干合하면 妻權이 强하고 妻는 生活力이 强하다.

例를 들기로 하자.

生年 癸 이 例는 戊癸合하여 化火하는 故로 癸水는 丁火를 害치지 않는다.
生月 丁
生日 戊

生年 辛 이 例는 丙辛合하여 其水化로 因하여 丁은 辛을 不害한다.
生月 丁
生日 丙

(2) 地支合

天干과 같이 地支에도 合이 있어서 만나면 相互間에 좋아하는 同時 특히 서로 만나서 나오는 五行이 있는데 이 五行도 같이 풀어서 五行이 많고 적은 것을 구별판단하라.

地合	子丑合土	寅亥合木	卯戌合火
	辰酉合金	巳申合水	午未合無五行

※ 午未만은 合해도 새로운 五行이 오지 않는다.

※ 子는 水요 丑은 土이지만 合하면 土로 되여 子丑合等은 궁합 및 택일할때도 子年生은 丑年生을 만나면 吉하게 되는 것이니 相合은 어듸에도 사용할수 있다.

一名 六合이라고도 하는데 午未合은 他五行으로 변하지 않으며 四柱中에 地合이 있으면 惡한 星이 있더라도 吉로 變해서 萬事大通해지는 것을 가리킨다. 何柱에 子가 있고 叉는 何柱에 丑이 있더라도 관계하지 않고 子와 丑간 있으면 合이된다.

生年月日時中에 上記 二개地支가 어느 곳이던 있으면 吉合力이 生하여 旺盛하다고 보지만 干合과 같이 變質하지는 않는 것으로 감명하라. 地支合이 되여 나오는 五行도 四柱內에 있는 五行中에서 더 추가되지만 弱한 것이다.

◎ 支合의 作用力

支合은 朋友와 親睦하는 뜻으로 한다. 故로 一方에 凶한 作用이 있으면 此合力으로써 연상하고 其作用을 防止하는 作用을 하는 것이다.

但, 干合과 같이 變質치는 않는다.

◎ 干合 支合 三合等의 合이 많이 들어있는 四柱는 대략 他人과 친해지기 쉽고 애교성이 많은 사람이므로 며누리로 삼는다든지 사위로 삼을때는 合이 많은 사람은 피하는 것이 좋지 않을까 生覺한다. 왜냐하면 결혼한사위가 자주 他女와 사랑을 맺는다던지 며누리가 子息모르게 외방男子를 만나서 놀이난다면 어떻게 되겠는가?

그 家庭의 분위기는 냉기가 돌것이다.

(3) 三 合

四柱中 어듸에 있던지 申子辰이 있으면 三合이 있는 四柱인데 三合有한 四柱도 大吉한 四柱라 稱하며 꼭 볼 것은 水多한 경우 三合水局이 있으면 그 四柱는 完全히 水로 因해 害를 당하게 되며 또는 水字가 없는 四柱는 三合의 水가 있는故로 吉로 되며 金多則 四柱일때 巳酉丑 金局이 들면 金으로 因해 敗하며 다시 말해서 四柱中 水가 無한 사주일때 申子辰 三合이 있으면 水局이 있으니 卽水가 있는 四柱로 되여서 吉해진다.

地支합에서 二개가 만나면 서로 좋아하는 支合이 되듯이 地支三개가 만나도 合이되는 三合이 있는데 生年月日時中 다음과 같은 三支가 있으면 結合力을 발생한다. 卽 寅午戌會 局하면 火力을 발생하는 四柱가 되며 巳酉丑會局이면 金力을 生하여 申子辰會局하면 水力을 生하고 亥卯未會局하면 木力을 生하여 준다. 더욱이 二支만으로 連列하여 있다면 會合力은 生한다. 三合에서 나오는 五行도 역시 四柱에 五行이 많고 작은 것을 구별판단하는데 干合支合과 같은 역활을 하게 되므로 때에 따라서는 四柱八字가 九字 十字等이 되는 수가 있다.

※ 寅午戌은 각기 오행이 다르지만 셋이 四柱內 어느곳에 있더라도 각각 五行이 單一化하여 火로 된다.

三合		
寅午戌 合 火	申子辰 合 水	
巳酉丑 合 金	亥卯未 合 木	

가령 四柱가

生年 甲寅。木木
生月 庚午。金火
生日 甲子。木水
生時 甲戌。木土

五行이 八個이지만 合이 되여서 나오는 五行火가 한개 더 있게 되여 四柱에 九字가 되여 있으니 九字中에서 신강 신약 등을 찾어서 정리 감명하면 된다. 신강신약은 다음 나온다.

예를 들어 보겠다.
甲子年二月十五日寅時生이라면
生年 甲子 木水

生月　丁卯　火木
生日　戊戌　土土
生時　甲寅　木木

(설명)

四柱八字中에서 五行이 卯戌合이 된 五行一個가 더 나타났으니 八字가 아니고 九字가 되였는데 金이 없는 四柱이며 木이 三개 이상되여서 가장 많으니 木多四柱이다. 그러므로 不見金 則의 運과 木多의 運을 같이 설명하면 하나의 運命적인 기초가 나올 것이다.

※ 三合局의 作用

三合局은 親子和合의 뜻으로 되여 있다. 이 三合은 支合보다는 其結合力이 强하여 大略은 吉한 作用力을 갖는다.

※ 寅午戌의 火局은 (앞으로 나오는 장간용신표에서 참조) 午中丙火를 父로 寅中丙火를 戌中丁火를 子로하여 結合한다. 故로 午는 火局의 首腦이다.

※ 申子辰의 三合水局은 子中壬水를 父로 申中壬을 辰中癸를 子로 하여 結合한다. 故로 子水는 水局의 首腦이다. 巳酉丑의 三合金局은 酉中庚을 父로 巳中庚을 母로 丑中辛을 子로 結合한다. 故로 酉는 金局의 首腦이다.

※ 亥卯未의 三合木局은 卯中甲을 父로 亥中甲을 母로 未中乙을 子로 하여 結合한다.

◎ 또한 會局은 二支만으로서도 三合局으로 보는데 例를들면 申子만나나 辰申이나 子辰만으로도 三合局이 된다. 巳丑만 四柱中에 있어도 金局이 있는 四柱이며 子辰이나 子申의 쪽이 强하게 結合한다. 까닭은 主臟星이 合하기 때문이다. 即 二支三合局이 되는 것보다는 三支가 있어 三合局이 되는 것이 더 强하다.

此例는 辰酉合을 使用치 않고 申子辰 三合을 使用한다 式으로 하라.

例

生年 ○申
生月 ○子
生日 ○酉
生時 ○辰

※ 다시 四柱정리에 더 연구하도록 하겠다.

第五章 四柱定法

(例)

前年度에 出生한 사람이 立春절기때문에 新年度生이 되는 것이다.

(一九五五年) 乙未年十二月二十五日巳時生이라면 (立春이 乙未年十二月二十四日寅時에 들었다)。

四柱는 다음과 같이 된다。

生年　丙申
生月　庚寅
生日　癸卯
生時　丁巳

(설명)

乙未年 만세력을 보면 十二月二十四日이 立春이 들었다고 나타나고 있다。그러나 二十五日은 立春이든날 이후 다음날 출생했으니 立春은 즉 新年度의 正月初一日이 된다는 증거가 되므로 立春때문에 新年度의 나이가 되었고 出生月建도 新年度 正月의 月建을 사용하였으며 生日은 누구나 언제나 自己의 出生日 十二月 二十五日의 日辰을 그대로 사용하고 出生時도 역시 그대로 時頭法에서 참고하여 정리한다。

(參考) 秋松鶴萬歲曆에서 一九五五年度의 乙未年을 찾아 보면 알수있을 것이다。

(例 2)

自己出生한 달이 변하여 다른 月建이 되는 것

(一九六一年) 辛丑年 六月 二十八日 戌時生이라면 四柱는 다음과 같이 된다.

生年　辛丑
生月　丙申
生日　甲戌
生時　甲戌

(설명)

辛丑年 六月 二十七日에 七月의 節인 立秋가 들어있다. 그러므로 (秋松鶴만세력을 보니) 六月 二十八日生은 六月이 本生月이지만 七月의 節을 지나서 出生하였기 때문에 七月의 月建을 사용하게 되었으니 生日과 時는 同一하게 하면 된다. 그러므로 時는 戌時인데 甲日生사주 甲日이나 己日은 甲子時요 丑時는 乙丑時요 寅時는 丙寅時요 卯時는 丁卯時요 辰時는 戊辰時요 巳時는 己巳時요 午時는 庚午時며 未時는 辛未時며 申時는 壬申時요 酉時는 癸酉時고 戌時는 甲戌時요 亥時는 乙亥時가 되었다.

(例 3)

自己生月이 아니고 前月生이 되는 것은(一九四○年) 庚辰年 七月 四日 丑時生 四柱는 다음과 같
다.

生年　庚辰
生月　癸未
生日　壬午
生時　辛丑

(해설) 出生은 庚辰年 七月四日出生했지만 七月節立秋가 五日丑時初에 들었다 간단히 말해서 五日부터 七月이 되고 五日前에는 六月이란 뜻이므로 生日이 四日이 되었으니 七月의 月建을 사용못하고 六月의 月建을 사용하게 된 것이다.

또한 日柱는 먼저도 말했듯이 七月四日生이니 그대로 七月四日의 日辰을 사용하고 時間도 그대로 日干이 壬日이므로 丁壬日은 庚子時라 했으니 즉 子時는 庚子時요 丑時는 辛丑時로 時柱를 잡으면 된다.

※ 初步者를 爲하여 다시 한번더 記述한다. 一九一七年 一月七日 午後二時生 男子라 하면?

一九一七年 立春節氣는 正月十三日 酉時正刻으로 되어있으니 丁巳年 正月이라도 立春前出生 하였으므로 丙辰年 十二月生이 되느니라.

四柱를 構成하면 다음과 같다.

生年　丙辰
生月　辛丑

生日　辛未
生時　乙未

※ 四柱에서 六親의 位置와 社會的으로 分別하여 暗記해두기 바란다.

柱區分	六親	社會
年柱	祖上	機關長
月柱	父母兄弟	直屬上官
日柱	夫婦	自己身
時柱	子女	部下

第六章　十二支名配屬法(명배속법) 및 生剋法

子鼠(쥐)　丑牛(소)　寅虎(범)　卯兎(토끼)　辰龍(용)　巳蛇(뱀)　午馬(말)　未羊(양)　申猴(원숭이)　酉鷄(닭)　戌狗(개)　亥猪(돼지)

五行相生法과 相剋法

四柱八字는 즉 四個의 기둥이며 글자는 八個인데 여기 四柱八字가 五行으로 한번 변화가 되여 바꾸워진 五行, 金木水火土가 서로 相生이 되는가 相剋이 되는가 또는 서로서로 도와주는 것이 많은 사주인지 싸움이 많은 집안인지를 판단하는 것이 즉 잘되었고 잘되지 않았다. 좋은 사주다 나쁜사주다를 판별하는 것이 즉 운명학의 기본원리라 하겠다. 누구나 여기에 나오는 生剋의 조화를 확실히 이해 암기못하면 四柱八字를 감정하기란 매우 어려울 것이니 정신을 가다듬어서 암기틀 꼭 부탁하겠다.

(1) 五行相生法

水生木 木生火 火生土 土生金 金生水 하여서 상생이 되는데 특히 암기할 것은 水生木하면 水가 木을 도와주는 것이 되며 水는 木때문에 힘이 빠지고 약해진다. 다시 말해서 木生火하는 것, 木때문에 火가 왕성해지고 불때문에 나무는 손해보며 힘이 없어진다. 언제던지 火가 木을 生해 주는 것이 아니고 木이 火를 生해준다는 것을 알어야 한다.

다시 말해서 五行을 五氣라고 한다. 初步者를 爲해서 또한번 기술한다.

◎ 生 氣

木氣는 火氣를 生하고
火氣는 士氣를 生하고
士氣는 金氣를 生하고
金氣는 水氣를 生하고
水氣는 木氣를 生한다.

◎ 剋 氣

木氣는 土氣를 害하고
火氣는 金氣를 害하고
土氣는 水氣를 害하고
金氣는 木氣를 害하고
水氣는 火氣를 害하고

이상과 같이 生氣를 받은 것은 힘이 强해지고 害氣를 받는 것은 힘이 弱해진다. 그러나 他方에서 부터 其害氣를 制伏하는 作用이 있다.

◎ 制伏하는 作用은 다음과 같다.

木氣는 土를 害하나 金氣가 오면 制伏된다.
火氣는 金을 害하나 水氣가 오면 制伏된다.
土氣는 水를 害하나 木氣가 오면 制伏된다.
金氣는 木을 害하나 火氣가 오면 制伏된다.
水氣는 火를 害하나 土氣가 오면 制伏된다.

以上으로서 五行의 相生相剋 및 制伏의 原理를 說明하였다. 本學說은 五行力의 應用에 따라 作用理法의 主要한 根本이 됨이니 學者는 우선 이것을 열심히 알어야 한다. 그러므로 本學說을 硏究하는 者는 四柱八字를 확실히 라열하여야 한다. 萬人의 生年月日時를 모르는 者는 확실한 운명의 路線을 명철하게 판단할수 없게 되는 것이다.

(2) 五行相剋法

木剋土 土剋水 水剋火 火剋金 金剋木 相剋이란 서로 만나면 원수가 된다는 것이다. 그러나 누구나 더 많은 피해를 보는가 말할것없이 木剋土하면 土가 木때문에 피해를 입는 것이 된다. 나무가 땅에 뿌리를 박으면 땅은 자연히 수분도 나무에 빨려 없어지게 되며 더욱이 땅이 금이가고 흙이 밀려 구멍이 파여지게 마련이니라 역시 처음에 글자가 나중의 글자를 손해를 주는 것이니 土剋水도 土때문에 水가 피해를 입는 것이되니 명심하여서 암기하기 바란다.

第七章 十二運星法

※ 萬物의 生成하는 理法은 처음에는 生하고 다음에는 剋함으로 이루어진다、즉 水는 樹木을 水生木으로 生하고 ─ 木은 木剋土로 土를 剋함므로 나무자신을 倍養한다。生한 뒤에 剋하여 成育한다는 것은 五行哲學의 根幹이 되는 理念이다。

(1) 十二運星表

十二星	甲日	乙日	丙日	丁日	戊日	己日
長生	亥	午	寅	酉	寅	酉
沐浴	子	巳	卯	申	卯	申
冠帶	丑	辰	辰	未	辰	未
健祿	寅	卯	巳	午	巳	午
帝旺	卯	寅	午	巳	午	巳
衰	辰	丑	未	辰	未	辰
病	巳	子	申	卯	申	卯
死	午	亥	酉	寅	酉	寅
墓	未	戌	戌	丑	戌	丑
絶	申	酉	亥	子	亥	子
胎	酉	申	子	亥	子	亥
養	戌	未	丑	戌	丑	戌

※ 十二運要領

庚日	辛日	壬日	癸日
巳	子	申	卯
午	亥	酉	寅
未	戌	戌	丑
申	酉	亥	子
酉	申	子	亥
戌	未	丑	戌
亥	午	寅	酉
子	巳	卯	申
丑	辰	辰	未
寅	卯	巳	午
卯	寅	午	巳
辰	丑	未	辰

生年	生月	生日	生時	大運	歲運	月運
丙辰	丁酉	壬子	乙巳	辛丑	甲午	庚午
墓	沐浴	帝旺	絶	養	胎	胎

十二運의 해설

인생이 처음 남자와 여자가 서로 인연이 되어서 그 시각 즉 始初에 잉태하는 것이고 임신중을 養이라 하였고, 이 世上에 出生하는 것을 長生이라 하여 산파가 아기를 출산케 하여 깨끗이 목욕을 시키는 것을 즉、沐浴이라고 했다. 그리하여 사람으로 이 세상에 태여나서 성장하여 결혼하는 시기를 冠帶라 칭했고 과거급제나 취직시험등에 합격한 것을 建祿이라고 명칭하였으며 더욱이 나이가 들면서 높은 위치에 앉아서 部下를 거느리는 時期를 帝旺이라고 하였다. 여기 旺과 極을 論한다면 旺이 된 후부터는 병이 들기 마련이다. 이病이 든 時期를 衰病이라고 말했고, 病이든 이후는 人間이 죽는다는 것을 명칭한 것이 即 死라고 하였다. 人間이 死한 後는 어디로 가는가? 陰地을 찾어서 墓를 만들고 묘를 만들어 하나의 언덕의 무덤이 되고나니 자연히 평안하게 쉬게(休)되여 이 世上과의 인연이 絕이된다. 絕이되고 나면 絕의 후손이 다시 胎에서 始作을 만들게 되니 인생의 운명은 한정되여 있는 것이다.

지금부터 各種 十二운성이 日柱에 있을때 한하여 특별한 비결이 있으니 암기가 필요할 것이다.

(2) 十二運星의 表示

長生＝何柱에 有하더라도 해당되여 있는 柱는 長壽를 말할 수 있다. 가명 年에 있으면 祖上이 長壽하였고 月에 有면 父親長壽하고 日柱 有면 本人長壽하며 時에 有면 子孫이 長壽한다.

沐浴＝何柱에 有하더라도 해당 柱는 必히 陰亂및 男女間에 연정관계 **風波多**함을 가리킨다。

冠帶＝何柱에 有하더라도 成功및 出仕를 가리킨다。

建祿＝何柱에 有라도 財產이 多함을 가리킨다。

帝旺＝何柱에 有라도 旺盛富貴가 된다。

衰＝何柱에 해당하는 六親이 衰退、病弱、**貧困**히 살게된다。

病＝何柱에 有라도 해당하는 柱의 六親이 病弱短命을 가리킨다。

死＝何柱에 有라도 해당하는 六親이 早死橫死客死를 말한다。

墓葬＝何柱에 有라도 萬事衰退 不生之運을 가리킨다。

胞絕＝四柱中 胞가 있는 柱에 해당 六親이 風波를 많이 겪는다。

胎＝四柱中 何柱에 있더라도 해당주의 六親이 風波가 있다。

養＝四柱中 年에 있으면 養父母를 섬기며 時에 있으면 親子息外 他姓子나 이복子息이 있게 된다。

※ 지금까지 말한 것은 年柱는 父母에 해당하며 日柱는 夫婦의 운이며 時柱는 子女의 운기를 가리켜서 해당주라고 했다。

(3) 長生은

丙寅、丁酉、戊寅、己酉、壬申、癸卯日生이 되는 四柱는 父母의 恩德을 받어 言語行動이 溫和하고 壽命도 길며 妻德도 많으며 夫婦間에 和睦하다. 또 長生日은 子孫이 大成功하는 子가 있다.

(4) 沐浴은

甲子、乙巳、庚午、辛亥日出生한 사람인데 父母의 職業, 遺産을 계승하지 못하며 父母와 인연이 박하며 타향살이로 자수성가한다.

※ 沐浴日生은 夫婦間不幸하다.

(5) 冠帶는

丙辰、丁未、戊辰、己未、壬戌 癸丑日生이 되는데 男女 共히 慈悲心이 厚하고 世人의 총애를 받어 上流社會에서 살게되며 上流人과 교제하여 生活하게 된다. 가령 初年에 不如意한운이라 하여도 中年부터는 必히 發達하여 명성을 떨치고 兄第之間 원조

하는 美風이 있다. 生時에 帶가 있으며 子孫은 成功發達하게만 陰部病이 연속 있다. 帶日生은 夫婦宮은 吉하나 제멋대로다.

(6) 建祿

建祿(官이라고도한다). 甲寅、乙卯、庚申、辛酉、日出生한 사람인데 성질은 온후하고 겸손하며 他에 사랑을 받으며 또는 多才多藝하다. 末子로 出生하였다 하더라도 長子之位에서 행세하게 되며 初年間幸運者는 中年若干衰退하고 中年까지 不運者는 中年以後부터 發達한다. 生日과 生月같은 地支가 되면 父親의 인연이 박하고 生時에 祿이 있으면 子孫이 크게 된다. 建祿日生은 暗으로 夫運을 扶助하며 能辨한다.

(7) 帝旺은

丙午、丁巳、戊午、己巳、壬子癸亥日生인데 다른 四柱기둥에 衰、病、死、葬等이 있으면 양자나 또는 他鄕사리八字며、生家를 繼承하게 되면 父母運이 薄命하게되며 夫婦운세도 흉하게 된다.

※ 癸亥日生및 丙午日生이 午月에 出生하거나 壬子日生이 子月에 出生하거나 丁巳日生이 巳月에 出生한 사람은 父親이 早死한다.

(8) 衰運은

衰運은 甲辰、乙丑、庚戌、辛未日生인데 性質담백 온유하며 응대한 일 또는 허례허식을 좋아하지 않는다.

그러나 身分은 先代보다 좀 낮다. 父母와의 인연도 좀 薄하고 妻와도 이별하기 쉽다. 원래가 고지식한 성격으로 학자, 의사, 종교가, 교사 등이 되면 世人의 존경을 받는다. 出生時에 衰가 있으면 子孫운이 나쁘다.

※ 四柱中 病死葬 등이 많으면 凶運時에 不意의 損失이나 盜難之禍가 있다. 甲辰日 및 庚戌日의 出生者가 戌月生의 四柱라면 父親이 早死 또는 無德하고 庚戌日生은 反抗心이 강하다.

※ 衰日生은 온순하게 보이나 內心은 自己 멋대로 不和生한다. 庚戌日生은 夫에게 凶하다.

(9) 病은

病은 丙申、丁卯、戊申、壬寅、癸酉日生인데 身體가 健康치 못하며 早別父母하거나 父母財産 德없으며 만약 父母財産을 상속하면 부부간 이별하게 된다.

※ 出生時가 病이 되면 子孫이 허약하다. 壬寅日生은 진취성은 있으나 좀 性急하며 丁卯、己卯、癸酉日生은 溫順하나 活發치 못하다.

※ 病日生은 中年까지 失敗하거나 夫婦이별한다. 戊申 癸酉日生 특히 凶하다.

戊申日生 父親과 사이 不和하거나 인연이 없어서 早失父母한다.

(10) 死 는

死는 甲午、乙亥、庚子、辛巳日生인데 父母運이 불행하여 早失父母하며 혹은 父母가 生存해 있다 하더라도, 父母財産을 물려받지 못한다. 만약 상속했다면 父母와 원수가 되기 쉽다. 또는 妻와 의사이도 이별하게 된다.

※ 性質은 燥急하나 결단력이 있다.
※ 生時에 死가 있으면 子緣이 薄하다.
※ 死日은 夫에 無害하나 子息이 無 또는 凶하다.

(11) 墓 는

墓는 丙戌、丁丑、戊戌、己丑、壬辰、癸未日出生한者인데 父母兄弟間에 인연이 약하며, 타향으로 출행한다. 또한 他人의 일로 걱정이 많으나 재산福은 있다. 가난한 집에서 태여난 사람은 中年부터 多小 衰退된다. 中年까지 運이 열리며 成功하고 富家에서 出生한 사람은 中年부터 多小 衰退된다.

※ 出生時에 墓가 있으면 父子共히 財福이 많으나 인간에 덕은 볼수없다.

※ 墓日生은 夫婦인연이 弱하다. 特히 丁丑, 壬辰日生은 大凶하다.

(12) 胞 는

胞(絕이라고도 한다)는 甲申, 乙酉, 庚寅, 辛卯日出生者는 처음은 좋은 運이나 末年은 苦生하며, 初年에 富家에서 出生한 者는 中年에 自然히 富家에서 살게되며 末年은 불행한 운명이 된다.

※ 時에 胞가 있는 四柱는 子女가 風浪이 많으며 또한 酒色으로 財産 蕩盡하기 쉬우니 어릴때부터 注意와 努力이 必要하다.

(13) 胎 는

胎는 丙子, 丁亥, 戊子, 己亥, 壬午, 癸巳日出生한者인데 男女間에 누구를 莫論하고 어릴때에 허약하게 성장하여서 中年부터 건강이 좋아진다.

※ 성질은 온화하나 항의하는 반박심이 많다. 또는 모든 일에 변덕성이 많은 편이다. 재물에 운은 좋다.

※ 出生時에 胎가 되면 女兒가 많이 있게되며 壬午, 癸巳日出生者는 富者가 되며 丁亥日生은 父母와의 인연이 없다.

※ 胎日生은 유순하지 않으면 再婚하는 수가 있다.

(14) 養 은

養은 甲戌、乙未、庚辰、辛丑、日出生者인데 長生비슷한 좋은 良命이다. 그러나 養子가거나 父母일찍 떨어저 살게되며 男女間共히 好色한다. 故로 再婚하는 者많다.

※ 出生時에 養이 있으면 子孫에 德望이 있고 孝子가 生긴다.
※ 庚辰日生은 父母德이 弱하고 性質은 저항심이 강하다.
※ 甲戌生은 자주 風波있고 부부운이 불길하다.
※ 養日生은 長生運과 흡사하다. 庚辰日生은 夫婦이 별한다. 또는 德이 없다.

(15) 十二운성에 旺衰平을 論하기로 한다

生帶冠旺은 四個가다 旺이된다.
衰病死絕은 四個가다 凶이된다.
浴墓胎養의 四個가다 平이된다.

以上의 것으로 四柱內에 四旺이 配置되여 있으면 氣運을 얻었다고하며 四凶에 해당하는 十二運星이 四柱內에 配置되여 있으면 氣를 얻지 못했다고 하니 即 四柱가 좋고 나쁜것을 區別하게 되는 것이다.

第八章 日柱秘法

(1) 甲申日生은 柱內에 子地支가 많이 있으면 水運氣에 水難을 注意하여야 한다.

(2) 甲日生四柱에 丙、辛이 있으면 母를 돌보지 않는다.

(3) 甲日生에 亥月生으로 午字가 있으면 短命하다.

(4) 乙日生에 巳가 多有한 四柱는 短命하다.

(5) 乙巳日生에 丑時生은 發達한다.

(6) 乙亥日生은 財星이 있으면 色慾이 强하다.

(7) 丙日生辛月
辛日生丙月 } 은 악살이 없으면 軍人으로 立身한다.

(8) 丙子日生에 辛이 있으면 貧寒은 하여도 德望은 있다.

(9) 丙午日 丁巳日의 帝旺日生은 陽方位에 있는 干支星이라하는데 五行水가 없으면 성질이 폭군의 위험이 있다.

(10) 戊己日生은 대략 어여쁜 미모의 형이다.

(11) 庚辛日生은 水多하면 財物에 風波가 많다.
(12) 庚辛日生에 金多면 軍務에 出仕한다.
(13) 辛日生에 乙이 있으면 福은 있어도 義理와 仁義가 없다.
(14) 庚午日生에 土多면 埋沒되어 뜻을 이루지 못한다.
(15) 壬癸日生에 金星多면 身分이 貴人이고 金錢融通性이 좋으나 陰部에 病이 있을운이다 注意할것
(16) 壬午、癸巳日生으로 日支中의 土가 있는데 木이 없으면 財産을 탕진하게 된다. (日支中土란 午中己土와 巳中戊土를 말한다) 또는 五行上土도 말한다.

第九章 月律藏干法

(1) 月律分野藏干用神表

支	初 氣	中 氣	正 氣
子	壬 10日 1時間		癸 20日 2時間

亥	戌	酉	申	未	午	巳	辰	卯	寅	丑
戊 7日 2時間	辛 9日 3時間	庚 10日 3時間	戊 7日 2時間	丁 9日 3時間	丙 10日 2時間	戊 7日 3時間	乙 9日 3時間	甲 10日 3時間	戊 7日 2時間	癸 9日 3時間
甲 7日 1時間	丁 3日 1時間		壬 7日 2時間	乙 3日 1時間	己 10日 1時間	庚 7日 3時間	癸 3日 1時間		丙 7日 2時間	辛 3日 1時間
壬 16日 5時間	戊 18日 6時間	辛 20日 6時間	庚 16日 5時間	己 18日 6時間	丁 11日 2時間	丙 16日 5時間	戊 18日 6時間	乙 20日 6時間	甲 16日 6時間	己 18日 6時間

(해 설)

이표는 生月을 基準으로 하여 生日과 대조하여서 十二節이 든 날부터 몇일째에 出生하였는가 의 날자를 계산하여서, 그 날자수에 따라 해당하는 藏干을 찾는 것이며, 四柱 地支에서도 天干

과 같은 숨은 天干에 있다는 것이다.

陽男陰女法에 依하여서 生日부터 지나온 절기까지를 말한다. 또한 生日부터 지나온 절기까지 날자계산하여서 지장간을 찾기도 하는데 이것은 원칙이 아니다.

가령 男甲子年 一月 十五日生이라면 앞으로 절기를 보니 生月日은 正月 十五日인데 二月 十五日 경칩이다. 生日부터 경칩일까지 날자를 계산하니 十六日이 되었다. 그런데 男甲子年 一月 十五日生은 生月이 寅月에 出生하였으니 地支寅行에서 十五日까지를 보니(正氣 十六日 五時間)에 해당한다. 그러므로 月寅의 장간은 甲에 해당한다.

※ 地支子中에는 壬癸가 自己의 食綠이 되는 자리를 차지하여 있으며 丑字中에는 癸辛己가 차지하고 있다는 뜻이다.

(2) 十二支暗藏法

地支	藏干
子	癸
丑	己辛癸
寅	丙甲
卯	乙
辰	癸乙戊
巳	庚戊丙
午	己丁
未	己乙丁
申	壬庚
酉	辛
戌	戊辛丁
亥	甲壬

여기 十二支암장의 用法은 여러가지로 쓰이게 되어 있는데 六親法(父母兄弟夫婦子孫等)에 의하여 適時適所에 해당한다. 가령 陽이 陰으로 變化되는 수도 있고 陰이 陽으로 변화되는 것이 있다. 그것은 오직 地支에 子亥午巳에 해당되는데 子는 地支五行에서는 陽이다. 그러나 六親法에서는 陰이 된다. 亥는 陰이다 그러나 六親法에서 陽이 되며 巳는 陰이나 六親法에서 陽이 되며 午는 陽이지만 陰으로 본다.

다시 말하자면 巳와 亥는 몸은 陰이지만 作用은 藏干陽(巳中丙戊庚, 亥中壬甲을 적용하는 것이므로 體와 用에 있어 陰陽을 반대로 하고 있는 것이니 **많이** 연구하기 바라며 혼동되지 않기를 바라는 바이다.

第十章 各種 冲、破、害殺見法

(1) 天干相冲(천간상충)

甲庚冲、乙辛冲、丙壬冲、丁癸冲
戊甲冲、己乙冲、庚丙冲、辛丁冲
壬戊冲、癸己冲이 되는데 甲庚、乙辛

※ 丙壬、丁癸는 좀 强하게, 冲이된다.

※ 天干冲을 간략하여서 七冲이라고도 부르는 명칭이 있는데 이것은 甲을 기준으로 하여서 七번째 가서 甲庚冲이 되므로 七冲이라고 한다. 乙을 기준한다면 乙에서 시작하여 순서대로 七번째에 해당하는 辛과 만나면 冲이되니 七冲이라고 한다.

※ 天干冲의 解說

干冲이라고 간략하여 말하기도 하는데 年天干이 甲이고 月天干이 庚이라면 年天干을 冲을 하는 것이 되는데 年干은 祖上의 자리이므로(年地支는 祖母) 月干은 父親이다) 月干이 年干을 冲하면 月干父가 祖上에 피해를 주는 것이 되어 父親을 出生시킨후 祖上이 敗했거나 父親이 어렸을때 祖上이 死亡하는수가 있다. 또한 父親이 長成하면서 祖上의 財産을 탕진하였다고 보며 月干을 冲시키면 父親이 故鄕을 일찍 떠나서 他鄕살이를 하며 自手成家하였고, 日干을 他柱天干이 冲하였다면 日干은 我身(나의 몸이다)이므로 初年健康이 衰弱하여 질병으로 성장하였고 兄弟間에도 生離死別하는 者있다. 時干을 他柱가 冲하였다면 子息이 初年에 질병이 자주 있거나 어려서 이별하는 수 있다.

(2) 地支相冲

相冲煞은 四柱및 宮合 또는 擇日할 때에도 보며 流年볼때 등에도 보아야 한다.

四柱解釋할 때는 四柱, 日柱, 地支를 主動하여서 보는데 가령 日支가 子日이면 他柱에 午가 있다면 相冲煞이 있는 四柱인데 年에 午가 있으면 年이 相冲煞을 당하는 것이 되며, 月에 午가 있으면 月午가 相冲煞을 당하는 것이 된다. 또는 他柱에 子가 有한데 日柱地支가 午면 역시 日柱가 相冲殺을 당하는 것이 된다.

相冲殺이란 相爭하는 것을 말하며, 혹은 別居하는 것을 의미한다.

四柱中 年을 相冲시키면 祖上및 父母와 同居치 못하고

月을 相冲시키면 父母및 兄弟와 同居치 못하고

日을 相冲시키면 他柱에서 시작하여서 夫婦間同居치 못하고 時를 相冲시키면 子女와 同居치 못한다.

相冲이 있으면 항상 언쟁이 많으며 생이별함을 알수있다.

相冲

子午冲、丑未冲、寅申冲、卯酉冲 辰戌冲、巳亥冲

※ 天干相冲은 하늘의 各五行이라 말할수 있고 地支란 땅의 五行이라고 말할수 있는데 天干은 男子요、地支는 女子라고 구별하여 생각하여 두는 것이 좋겠다. 그러나 天干이라 하여 다 陽만 있는 것이 아니고 地支라 하여 모든 十二支가 陰인 것은 아니다.

◎ 地支冲해설

앞으로 자주 陰과 陽에 對한 설명이 많이 나올 것이다.

相冲은 앞에서도 말했지만 日支를 主動하여서 他柱에 있는 地支와 대결하는 것이 원칙이지만 日支外에 다른 四柱기둥 即 年柱, 月柱 또는 時柱와 年柱의 支가 冲이 되어도 相冲이 되는 것이다.

年支가 子며 月支가 午가 되면 月支가 冲이 된다. 月支가 冲이되면 父母兄第間 운세가 불행하여서 이별을 하게되며 조출타향 했다고 본다.

※ 年支를 冲해주면 사회적 직업이 자주 변화되여서 풍파를 겪게 되며 日支를 冲해오면 夫婦離別 언쟁이 많다. 時를 冲해오면 子孫에 有害하며 子孫의 無德함을 알수있다. 또는 생이별의 운이 되는수 있다.

※ 四柱內 相冲이 二個씩(子午 丑未) 이와같이 있는 四柱는 해당되는(年은祖上이며 月은 父母兄弟式으로) 柱가 이별의 운세가 되는데 相冲은 死別이 아니고 生離別 하게되는 것이 된다.

※ 어떠한 四柱라도 相冲이 없는 것이라면 無害라고 볼수있다.

◎ 每年 운세를 볼때에도 相冲을 본다.

六親이란 祖父, 祖母, 父母, 兄弟, 夫婦 子孫等을 말한다.

生年支를 當年地支가 冲해오면(當年의 太歲 다시 말해서 乙卯年을 본다면 生年支에 酉가 있

◎ 生年支를 당년의 太歲地支가 冲해 오면 가정이사 또는 父母兄弟之間에 分家이별하게되며 兄弟中에 무단出家 하게된다.

◎ 生日支를 當年太歲가 冲해오면 부부이별 或은 다른여자와 연情關係를 맺었던 것이 이별로되며 건강운세에도 좋지않다.

◎ 生時를 당년태세支가 冲해오면 子孫과 이별하게 되며 직업변화도 하게된다. 더욱이 자손에 질병이 발생하는 수 있고 무단가출 하는 자손이 있기도 쉽다.

※ 相冲은 子午、丑未等인데 子가 午를 冲을 주는 것이고 丑이 未를 冲을주는 것이다. 그러나 子가 午를 冲을 주는 반면에 子를 冲 시키지 못하며 未가 丑을 冲 시키지 못한다. 도 힘이 弱해져서 피해를 입는 것은 사실이나 대단한 것은 아니다.

◎ 相冲을 宮合볼때도 사용한다.
   男子와 女子의 四柱를 똑같이 라열시켜놓고 男子年과 女子의 年柱를 상대시켜 보는데 또는 年과 年日과 日 남자시와 여자의 時를 대결시켜 상충이 있는지 없는지 살피는 것이다.

◎ 年과 年의 相冲、되면 結婚後 되는일이 없고 職場에서도 락직되며 파괴된다. 부부이별도 된다.

다면 卯酉 冲이된다. 社會的으로 하는 일에 장해가 생기며 다른 사람〇〇 배신 및 직업 변화 등이 발생한다.

※ 月과 月이 冲이 될때는 結婚後、父母兄弟에 의리가 없어지며 서로 원망을 가지고 불평불만이 발생한다.

※ 日과 日이 相冲되면 結婚後 不평不滿이 떠날날이 없고 결론에는 이별까지 하게되며 **無情하**게 발생하며 他男他女를 보게된다.

※ 時와 時가 冲이되면 子孫宮에 有害하여 이별 또는 子息의 운세와 父母의 운세가 서로 불평 불만이 생긴다. 生男하여서 無害하게 結婚할때까지 성장시켰다 하더라도 結婚 後 父母와 떨어져서 分家시키는 것이 좋다. 不然이면 生男後 父母死한다.

※ 天干冲과 地支冲을 다 살피는 것이나 天干은 作用力이 弱하다.

※ 참고 男子日支가 子가 되고 女子日支가 午가되면 作用力이 弱하지만 男子가 午가 되고 女子가 子日生이라면 作用力이 强하니 참고하고 다른 柱에 冲도 同一하니 많은 연구가 필요하다.

(3) 相破殺(상파살)

| 子酉相破 | 申巳相破 | 丑辰相破 |
| 午卯相破 | 寅亥相破 | 未戌相破 |

相破殺를 六破라고도 하는데 도표를 보시라 從으로는 相破지만 橫으로는 相冲殺이 되여 있지

◎ 해 석

相冲살과 비슷하다 그러나 作用力은 弱하다고 하는 易理硏究家도 있고 作用力이 强하다고 하는 사람도 있으니 筆者는 作用力이 强하다고 느꼈고 실지 체험에서 얻은바 크다.

※ 年을 破하면 祖上의 財産이 파멸을 당했고 또는 祖上의 큰 德이 없다고 본다.

※ 月을 破하면 父母와 일찍 이별하고 풍파가 많고 항상 인덕이 없다.

※ 日을 破하면 부부지간에 手術 및 疾病이 자주오며 風波가 많다.

※ 時를 破하면 子孫落胎等事가 자주 있고 子宮疾患이 發生하며 夫婦同居生活에 알찬 행복을 느끼지 못하고 不滿이 항상 있는 수가 있다. 또는 末年에 貧財 고독되기도 한다.

※ 特히 日支가 年을 破하면(子日出生한 者가 酉年生일때 父母가 早死, 早別하며, 他柱가 日支를 破하고 時支도 日支를 破하면(日支는 酉인데 年도 子며 時도 子時면) 破殺이 作用 못한다

※ 流年볼때

四柱中에서 年柱地支를 主動하여서 每年 太歲支와 年支와 대결시키는데 當年 太歲가 四柱 年支를 破하면 되는일 없고, 公職者는 落職 또는 他處로 이전하게 되며 身上에 病來하며 高官人、公職者 以外人은 特히 官序口舌을 注意하여야 하며 교통사고등을 주의하여야 한다. 또

※ 宮合볼때

한 당년 태세가, 四柱中、月支를 破해 오면 夫婦이별이 되고、男子四柱일때는 女子, 즉 妻가 手術할 운이며, 女子일때는 男片이 手術하게 되는 惡운이 된다.

남녀 四柱를 똑같이 라열 시켜서 年支와 年支를 대결하여 破가 되면 결혼후 가정이 파피되고 夫婦 相逢後 男子에게 職業에 큰장해되며 月과 月이 破되면 父母兄弟之間에 이별 언쟁이 발생하며 日과 日이 破되면 夫婦원수 되고 時와 時가 破되면 無子息 또는 子孫이 되는일 없고 출세를 못한다.

※ 破와 冲이되면 破가 없어지는데, 가령 年과 年이 破가 되였는데 남자는 時가 年을 破했다던지 女子四柱에 地支中에서 年과 年이 破가 되는 것을 冲시키는 地支가 있다면 **無破 宮合이** 된다. 女子四柱에서 男子四柱에 있는 破에 해당 地支를 冲시켜야 되며 **男子는 女子에 있는 支를 冲시켜야** 된다.

(4) 害殺(해살)

子未 害	丑午 害	寅巳 害
卯辰 害	酉戌 亥	申亥 亥

일명 六害殺이라고도 한다. 파피와 傷害를 가져다 주는 살이다. 害殺(해살)도 도표를 살펴보면 右側下字와 左側上字와 冲이 되고 右側上字와 左側上字와 相冲이 되였고 横으로는 支合되여있지 않는가?

그러므로 合할려고 서로 만나서 이웃 四寸이라고 하여서 조금 가깝게 있게 되다 보니 방해를 하여 德이 되지 않고 害字를 붙였던 것이고 種類를 계산하여 보니 六種이 되는 관계로 害가 六個가 된다고 한 것이다. 즉 六害라고 한다.

◎ 해설

子와 未가 만나면 害를 당한다. 그런데 어떤 것이 특히 害를 당하는 것인가? 子때문에 未가 害를 당하는 것이 되며 丑때문에 午가 害를 당하는 것이 된다. 午를 害롭게 하는 丑도 약간의 害를 입는 것이지만 弱하다고 보라.

※ 害殺이란 疾病 및 死別을 의미하며 四柱內에 害살이 있는 것은 해당주(年柱, 祖上 月柱는 父母兄弟等)가 害를 당하여 六親全體에 피해가 되는 것이 된다. 必히 害가 되는 柱에 六親이 당한다.

※ 生年支가 他柱에서 害를 하여 오면(出生年支는 未年生인데 月支나 또는 日時支等에서 子가 있다면 年支가 害가 된다) 離鄕八字이며. 早失父母한다. 我身이 出生하면서 父母에게 疾病이 침법하고 결론에는 죽음에 까지 되니 必히 父母와 別居하는 것이 大吉하다. 或은 옛말에 산

에 가서 팔어준다 절에 가서 부처님에게 팔아준다 또는 수양으로 父母를 정해준다고도 한다.

그러나, 어디까지나 이것은 미신이지만 父母와 別居하는 것만은 必히 父母의 健康에 도움을 준다고 筆者는 믿는 바이다.

※ 生月支가 他柱支에게 害를 받으면 長子일지라도 分家 또는 養子로 가는 수많고 兄弟間에 無德하며 親友德도 없으며 長官의 운세는 되지 않는다. (部下가 없는 운이다)

※ 生日支가 他柱支에게 害를 받으면 夫婦인연이 없고 他男, 他女와 연정관계가 깊어지고 풍파가 심하다. 또한 健康도 不吉하며 手術하며 身上에 有欠하게 된다.

※ 生時支가 他柱支에게 害를 받으면 子女를 害를 줘서 死子有며 종신하는 子孫이 없고 老年에 고독하고 疾病까지 침범하여 원망과 불평으로 생활을 하게 되며 壽命은 길지 못하다고 본다.

그러나 子孫이 있다면 末年에 고독을 면할수 없으며 어떠한 신앙심을 갖이고 심신수양을 한다면 末年에 吉과 福이 될수 있다.

(참고)

※ 酉日戌時는 特히 머리나 얼굴에 凶한 欠이 생기고 聾啞되는 者많다.

※ 卯日辰時 또는 午日丑時 出生者는 手術 및 子孫에 근심있어 無子息되는 수 많다.

※ 寅巳의 害가 四柱中에 二重으로(年寅月巳, 日寅時巳等) 있으면 不具者 또는 폐병 및 간장병을 가진다.

他害도 二重의 害가 四柱內에 있다면 同一하게 간장질환등을 가진다.

(5) 四刑殺(사형살)

四個의 刑이 되는 살이 있는데 첫째 持勢之刑, 둘째 無恩之刑, 셋째 無禮之刑, 넷째 自刑하여서 四個의 刑殺이 있다.

첫째 持勢之刑(지세지형)

| 巳＝寅 |
| 申＝巳 |
| 寅＝申 |

둘째 無恩之刑(무은지형)

| 戌＝丑 |
| 未＝戌 |
| 丑＝未 |

셋째 無禮之刑(무례지형)

| 卯＝子 |
| 子＝卯 |

넷째 自刑(자형)

| 辰=辰 |
| 午=午 |
| 酉=酉 |
| 亥=亥 |

(해설)

첫째 지세지형

寅巳申이나 丑戌未가 四柱內에 三字가 다 있으면 刑殺의 作用이 더 强하여 官災로 인하여 형무소가게되는 운이며 寅巳가 柱內에 있던지 巳申이나 申寅이 四柱內에 있어도 殺星의 惡刑을 당하게 되나 조금 弱하다고 본다. 이 持勢之刑이나 또는 三支가 있는 것을 三刑殺이라고 하는데 三刑이 있는 四柱는 돌발적으로 고집을 부리고 너무 욕심을 내다가 失敗하고 호언장담잘한다. 宮合볼때 年月日時支를 대결하여 보는데 日支와 日支를 상대하여 지세지형이 되면 서로 자존심이 강해진다. 年月日時 同一하나 日柱가 더 重要하다.

둘째 무은지형

(해설)

성질이 포악하고 배신을 잘하며 때에 따라서는 사람을 이용을 잘한다. 年月에 刑이 있으면 父母에게 不孝하고 日時에 무은지형이 있으면 子息이 포악하고 惡妻가 있어서 子女의 無德으로 一生을 보내게 된다. 宮合볼때는 重要하지 않다.

(해설)

셋째 무례지형

성질이 온순한 기분은 전연없고 횡폭한 성질을 가지고 있는데 年에 있으면 祖上이 監獄生活했고 月에 刑이 있으면 父母중 刑厄당하여 戶籍에 赤線이 있거나 反對로 忠臣이 되는 者도 있다. 日支에 無禮之刑이 있으면 自己妻를 惡의 원수같이 다스리고 時에 刑이 있으면 子孫이 강패 또는 罪人의 신세되여 형무소에 이력서를 넣는 수가 있거나 子孫이 不具者있는 수도 있다.

宮合에는 항상 건강을 쇠퇴시킨다. 男女共이 同一하다.

(해설)

넷째 자형

四柱內 어디에 있더라도 自刑이 있으면 남에게 의존심이 많고 자기대로 살려는 마음은 아주 없으며 무슨 일을 하여도 열성이 없고 忍耐心도 부족하다. 年月이 自刑되고 日과 時가 自刑되면 父母와 祖上間에 사이가 좋지 않고 日과 時가 自刑되면 父子之間에 원수가 된다.

(운세편)

※ 刑은 順行四位가 四惑이고, 逆行十位가 十惡에 해당하며 寅巳申、丑戌未의 三刑도 寅에서

巳까지가 順行해서 四번째이고 寅에서 逆行十번째가 巳에 해당하며 巳에서 順行하여 四번째가 申이 되며, 巳에서 逆行하여 十번째가 申임으로 各各 刑의 순서로 당하는 法則이 되여 있다 다른 刑의 뜻도 이런 법이니 많은 연구가 필요하다. 또한 子卯의 刑도 子에서 始作하여 卯가 될때까지의 순서가 四번째가 되며 子에서 逆行하여 十번째가 卯가 된다. 宮合볼때는 크게 작용하지 않는다.

(6) (원진살)

子	丑	寅	卯	辰	巳
未	午	酉	申	亥	戌

원진살이란 이별 사별의 운은 아니며 항상 원망과 불평을 하는 작용을 한다. 四柱內에 원진살이 있으면 世上살이에 不平과 不滿이 많으며 특히 家庭生活에까지 자주 신경질적인 성질이 발동하여져서 자기도 모르는 순간적으로 비감을 가지게 된다.

年支가 未가되고 月日時中에서 子가 있다면 未는 子를 원수로 생각못한다) 子婦보고 月支를 日이 원진해오면 子가 未를 원수로 만든다. 간에 원수가 되며 日를 時가 원진살이되여 오면 子孫과 원수가 되고 月과 원진이되면 역시 부모에 사랑을 못받으며 時를 年이 원진해오면(時는 未인데 年支는 子일때) 社會的으로 子孫이

第十一章 各殺空亡法

(1) 空亡訣 (一名 空亡殺이라고도 한다)

出仕를 못하며 月이 원진해올때(時는 未인데 月이 子月일때) 祖父의 은혜없이 원수로 되며 六親間에 원망을 하고 一生을 살게된다. 宮合볼때는 年對年 男子月대 女子月을 상대시켜서 보는데 年과 年이나 月과 月끼리 원진살이되면 一生을 서로 살기는 살어도 항상 원망과 불평을 하며 다툼이 자주 있으면서 살게 되며 年과年 三合이나 支合이 되면지 日과日이 三合 또는 支合이 되면 원진살에 작용을 못하게 되니 結婚하여도 무방하다.

空亡의 圖

空亡			
甲子	甲戌	甲申
乙丑	乙亥	乙酉
丙寅	丙子	丙戌
丁卯	丁丑	丁亥
戊辰	戊寅	戊子
己巳	己卯	己丑
庚午	庚辰	庚寅
辛未	辛巳	辛卯
壬申	壬午	壬辰
癸酉	癸未	癸巳
戌亥	申酉	午未

甲寅	甲辰	甲午
乙卯	乙巳	乙未
丙辰	丙午	丙申
丁巳	丁未	丁酉
戊午	戊申	戊戌
己未	己酉	己亥
庚申	庚戌	庚子
辛酉	辛亥	辛丑
壬戌	壬子	壬寅
癸亥	癸丑	癸卯
子丑	寅卯	辰巳

空亡은 生日柱(干과 支)를 主動해서 찾는다.

例

甲子日부터 癸酉日까지(甲子旬이라한다) 十日사이에 出生한 者는 全部가 戌亥가 空亡이 된다.

甲寅日부터 癸亥日까지(甲寅旬이라한다)의 十日間 出生者는 全部 子와 丑이 空亡이된다.

六十甲子中에서 甲子日이라면 甲子부터 六十甲子를 순서대로 암기하여 乙丑, 丙寅, 丁卯, 戊辰, 己巳, 庚午, 辛未, 壬申, 癸酉日까지된다. 癸가 끝난후 다시 甲, 乙이 올것이다. 다시 오는 甲과 乙의 밑에오는 地支 즉 甲戌, 乙亥하니 戌과 亥가 空亡이 된다. 다시 말해서 丙戌日 出生者라면 丙戌日부터 순서대로 六甲을 암기하여 나가면 丙戌, 丁亥, 戊子, 己丑、 庚寅、 辛卯、 壬辰、 癸巳가 된다. 壬癸가 끝나고 다시오는 甲、 乙밑에 있는 地支 즉 甲午 乙未가되니 午未가 空亡된다. 日柱以外에 年月 時中 地支가 午字나 未字가 있으면 空亡이 되는데 年支가 午이면 年空亡되고 時支가 未이면 時空亡이 되는데 年月時中 午未나 午午未未等 이 있으면 年月時에 있는데로 空亡이 되는 것이 된다.

※ 또는 丙子日이나 丁丑日에 生日이된 四柱라면 丙子, 丁丑, 戊寅, 己卯, 庚辰, 辛巳, 壬午, 癸未한후 다시 닥치는 甲申, 乙酉하니 즉 甲과 乙의 밑에 있는 地支 申과 酉가 空亡살이라고 하니 他柱에 (丙子日生이) 申이나 酉가 있으면 空亡살이 붙어있는 四柱가 된다.

※ 空亡이 四柱中에 있으면 아래와 같은 運을 가지고 온다.

　日柱를 主動해서 보는데 生日柱가 甲子日이라면 年에 戌生이나 亥時라든가 하면 年에도 空亡이며 時에도 空亡이 맞었다고 한다.

※ 年柱가 空亡이면 平生 苦生근심이 끝나지 않고 되는일이 잘않되며 빈곤히 살게된다.

※ 月支가 空亡되면 兄弟가 貴하고 有라도 無德人이다. 時支가 空亡되면 子孫宮이 空亡되였으니 子息을 기르기 힘들고 낳기도 힘들다.

※ 年支와 月支가 空亡하면 妻子와 生死別수 있고.

※ 年月時支다 空亡되면 反對로 富貴大吉한 四柱가 된다.

※ 空亡이 되는데 또는 地支合이 되면 無空亡이 되며 凶으로 보지말것

※ 空亡이 되는데 또는 地支가 相冲이 되여도 空亡運이 없어진다.

※ 또한 空亡은 日柱만 主動하여서 보는 것이 아니고 年柱를 爲主하여서도 보며 月柱, 時柱를 爲主로 하여서도 본다. 例를들면 丁丑年生은(丁丑의 空亡은 申酉이다

◎ 丁丑年生이 申酉이면 이것을「年空亡」이라고 한다.(공망도표 참조)

◉ 甲辰月生이 (甲辰의 空亡은 寅卯이다) 生日이 寅卯이면 이것을 月空亡이라고 한다.

◉ 庚申時生은 (庚申의 空亡은 子丑이다) 生日이 子丑이면 이것이 時空亡이 된다.

各柱를 爲主하여서 日를 상대하여 공망이 되였을때 年柱는 父母인연이 박약하고, 月柱는 父母, 兄弟인연이 박약하고, 時柱는 子孫의 인연이 박약하다.

이같은 많은 사람의 운명에는 浮沈, 變轉, 複雜을 갖어오고 있으며 이로인하여 이러나는 사건은 多種多端하다. 그런고로 上記는 干支自體의 作用力을 說明하였으나 只今으로부터는 其干支로 부터. 生하는 分子量에 대한 作用力을 말한다. 즉 본서책은 이 各種 신살들의 內容과 사실의 해석까지 근본적으로 파해칠것을 목적으로 한다. 그러므로 인하여 千種萬象을 詳知할 수 있는 것으로서 斯學에 독특한 徹底的理法도 여기에 遺憾없이 其意義가 있는 것이다.

◎ 宮合볼때 남자의 日柱를 主動하여서 女子의 日支가 空亡이 되면 妻에 健康을 나쁘게 만들어서 男子보다 앞에가는 惡運이 되며 女子의 日柱를 主動하여서 男子日支를 空亡시키면 男子는 結婚하면서부터 身病이오고 健康이 혀약하여저서 男子가 死하게 된다.

※ 流年보는 비법

日柱를 主動해서 每年의 年支가 空亡이 되면 親人에게 배신 당하며 每年의 年支가 日柱를

空亡해오면 家庭에 風波와 夫婦이별하게 된다。年支가 四柱年支를 空亡해오면 사회적 하는일이 잘되지 않으며 每年을 主動해서 日支를 空亡해오면 兄弟間에 言爭事발생하며 時支를 空亡해오면 子孫의 근심발생 또는 長子가 身病으을 앓거나 死하게 되며 혹은 무단 가출하는수 있다。

(2) 羊刃殺 (양인살)

日干	甲	乙	丙	丁	戊	己	庚	辛	壬	癸
羊刃殺	卯	辰	午	未	午	未	酉	戌	子	丑

四柱中에 日天干을 主動하여서 四柱中 地支에 상대가 있으면 羊刃殺이 되는데 이殺이 있는 사람은 軍人、驚察、運動家로 이름을 날릴수 있다。

※ 日干이 甲인데 年이 卯生이면 早年은 風波多며 羊刃殺이 붙었다。
 (ㄱ) 年支에 羊刃살 있으면 年에 은혜를 원수로 갚는다。
 (ㄴ) 月支에 羊刃殺이 있으면 비굴한 성질이 있고
 (ㄷ) 時에 羊刃살이 있으면 末年에 災禍를 많이 당하며 妻子를 해치고 孤獨해진다。

※ 四柱中 日柱에 (年月時) 羊刃살이 다 있으면 聾兒、盲子되며 日干五行이 生해주는 五行이 양

안되는 柱에 같이 붙어있는 者는 惡死한다. (日干五行이 木이라면 木生火이다)

※ 日支에 羊刃있고 時에 日干五行을 生해주는 五行이 有면 妻가 難産하며 日干五行과 같은 五行이 있고 羊刃이 同柱면 初年孤獨및 風波多며 他鄕八字다.

※ 日干五行이 相剋시키는 五行이 八字內에 있으면서 羊刃이 同柱에 有면 財物로 因해 末年에 큰 損害를 당하며 敗家亡身한다.

※ 日干五行을 相生해오는 五行이 八字內에 있으면서 羊刃이 同柱면 명예적으로는 吉하나 長患을 앓는다.

※ 女子로 羊刃이 두개 있으면 色을 좋아하며 화려한 것을 좋아하며 얌채며 에치꼇등은 모르는 者이다.

※ 四柱中 羊刃이 있더라도 十二運星中 生旺養등이 羊刃이 있는 柱、에 있으면 푸으로 돌아오지만 死葬絶等이 羊刃이 있는 柱下에 있으면 完全 羊刃殺이 作用하는 것으로 상기 해설을 보랑.

※ 每年流年볼때

四柱內에 日天干이 甲日生인데 卯年을 만나면 당년태세에 羊刃살이 붙는다고 한다. 甲日生 四柱가 羊刃이 되는 年運은 수술하지 않으면 事業失敗 官廳口舌等이 발생하며 公職者는 落職되기 쉽다.

※ 宮合볼때

女子에게 主動되여서만 보는데 女子日干이 甲日生인데 男子四柱 日柱地支가 卯日生일때 女子로 인해서 男片身上에 害를 주게 되며 男片이 短命하게 된다. 反對로 男子日干이 甲日生인데 女子四柱 日柱地支가 卯日生이라면 無關하다. 이유는 女子는 結婚하는 그날부터 男子에게 肉體미를 망치게되며 全身이 새로운 體質로 피해를 입어서 변화가 오기때문이다. 그렇다면 男子도 변화는 온다고본다. 그러나 女子처럼 子宮에서부터 복부, 유방까지 변화는 되지않고 있지 않는가? 많은 연구에 도움이 될것이라 생각하면서 양인을 宮合볼때는 日干과 日地支 대결로 보고 다른, 年柱、月柱、時柱는 作用力이 弱하므로 생략하기로 한다.

(3) 飛刃殺

日干	甲	乙	丙	丁	戊	己	庚	辛	壬	癸
飛刃殺	酉	戌	子	丑	子	丑	卯	辰	午	未

即 飛刃 羊刃과 冲되는 地支가 된다. 飛刃은 羊刃과 同等하게 해석하되 羊刃만큼 强하지 않으며 좀 弱한 운을 갖이고 있다. 그러나 해석은 羊刃과 같이 해석하라.

第十二章 喜神殺

(1) 暗祿

日干	甲	乙	丙	丁	戊	己	庚	辛	壬	癸
暗祿	亥	戌	申	未	申	未	巳	辰	寅	丑

※ 暗祿暗記法

甲猪乙犬丙戊申　辛龍壬寅癸見丑
丁己未兮庚見蛇　此是十干暗祿星

※ 日干이 甲일때 亥生이면 암록이고 亥月이나 또는 亥時에 난 四柱라면 그 해당柱에 암록이 있는 것이다.

※ 이 암록이 있으면 위험한 장소에서도 貴人이 도와오며 平生 財富하여 人德이 있어 成功이 대단히 좋다. 여기에도 十二運星을 절대로 붙여 보라.

※ 암록 암기할때 四柱日干이 甲日生이라면 見亥면 암록이 되며 乙日生이 戌(개술字이므로 犬

이라하였음)이 있으면 즉 年柱、月柱、時柱에 戌이 있으면 암록이 있다고 하는데 여기 암록은 四柱內에 있으면 본인이 암록의 德으로 좋다고 본다. 그러나 여러 易學者를 爲하여 특수한 모든 비결을 다 기술하기로 하였다. 年柱에 암록이 있으면 祖上의 財産이 많이 있고 德이 있는것이 되며, 月에 암록이 있으면 兄弟間德, 父母德있으며 時柱에 있으면 子孫에 德이 있는 四柱이다. 年天干을 위주로 하여서 四柱 日地支에 있는 支가 암록이 들면(年干은 甲年生이 日柱地支에 亥日生이되면 妻德이 있으며 平生연복이 있는 四柱이다.

◎ 宮合볼때에도 암록은 作用한다.

男女의 日柱만 主로 대결한다. 男子 甲日生인데 女子 日柱地支가 亥日生이 되면 女子는 男子에게 사랑과 복된 인생의 향락을 받게되며 女子日柱 天干이 甲日生인데 男子 四柱日柱地支에 亥日生이 되면 結婚하면서 女子에 사랑과 더욱이 財産이 福이 無窮하게 저축되여 大富貴한다. 이것을 妻德이 있다고 하는 것이다.

◎ 신수(유년볼때)에도 참고하라

男女同一하게 四柱日柱地支가 亥日生인데 甲年을 만나면 橫財하고 貴人에 協助가 발생한다. 주택복권 당선자를 每年 조사하여 감명해보라. 十名中 九명은 암록에 해당이 되며 특히 주의할것은 日柱地支가 亥日生인데 甲年을 만나면 암록이 되지만 암록이 허물어져서 좋다가 결과는 나쁘게 되면 橫財운이 있고, 子日生이 丙年을 만나면 橫財하고 貴人에 協助가 발생한다.

(2) 交祿星 (교록성)

는 수 있다. 甲年을 만나되 甲子年이라면 子는 亥와 도화살이 된다. 도화살이 될때는 암록이 반대로 되지 않는다. 亥日生은 甲年에 암록이되지 甲子年은 암록이되지 않으며 戌日生은 乙年에 암록이지만 乙卯年은 암록이 되지 않으며 申日生은 丙戌年에 암록이지만 戊申、丙申年은 암록이 되지않으며.

未日生은 己丁年에 암록이지만 己亥年、丁亥年은 암록이 되지 않으며 巳日生은 庚年에 암록이지만 庚午年은 암록이 되지 않으며,

辰日生은 辛年이 암록이지만 辛酉年은 암록이 되지 않으며

寅日生은 壬年이 암록이지만 壬午年은 암록이 되지 않으며

丑日生은 癸年이 암록이지만 癸巳年은 암록이 되지 않는다.

以上의 암록에 해당되자 않는 子卯午酉는 암록이 되지않으며 반대로 惡하게 된다.

生年	甲申	乙酉	丙戌	丁亥	己丑	庚寅	辛卯	壬午	癸巳
相對	庚寅	辛卯	癸巳	壬午	甲申	乙酉	丁亥	丙子	

四柱中 日柱가 甲申日生이면서 四柱內 年、月、時柱에 庚寅이 있으면 **交祿**이라하며 乙酉日

柱를 가진 四柱에 辛卯가 있던지 丙子日柱나 戊子日柱가 되는 四柱中 年月時中에서 癸巳가 있는 四柱는 交祿이 있다고 한다. 다른것도 同一하게 보라.

※ 交祿이란 물품을 주고 돈으로 바꾼다던지 물건을 주고 물건으로 바꾼다는 뜻이다. 물물교환 교록이 있는 사주의 주인공은 사업 소개소 복덕방등이 大吉하며 무역업 대사관으로 직업을 가지게 되며 또한 노력하면 해당한 직업으로 성공할수 있다.

◎ 유년볼때

交祿이 해당되는年 즉 甲申年生이 庚寅年을 만나면 사업, 직업의 변동이 되여서 실패되며 日柱가 甲申生이 庚寅年을 만나면 夫婦言爭이 심하며 他女子와 연정 관계 있다. 男女同一 하게 보며 他交祿도 同一하게 감평하라.

◎ 宮合볼때

甲申年生 男子가 庚寅年生 女子를 逢하면 夫婦이별하며 또는 男子 모르게 女子가 간부를 두게 되며 庚寅年生 男子가 甲申年生 女子와 만나면 有妾하고 乙酉年生 男子가 辛卯年生 女子를 逢하면 女子는 남자에게 피해를 입으며 풍파 이별이 있고 간부두고 辛卯年生 男이 乙酉 年生 여자를 만나면 有妾하며 酒色에 흥청거린다. 다른교록도 同一하게 감평한다.

(3) 進神星

正月, 二月, 三月에 出生한者 四柱中 日柱에 甲子日이나 또는 甲子時일때 四月, 五月, 六月에 出生한者 四柱中 日柱에 甲午日이나 또는 甲午時일때 七月, 八月, 九月에 出生한者 四柱中 日柱가 己卯日出生하였거나 己卯時에 出生하였을때

十月, 十一月, 十二月에 出生한 者가 四柱中 日柱가 己酉日生일때 또는 己酉時가되면 進神星이 있다고 하는데 고집이 강하게 충동시키는 吉星이기도 하다. 그러나 四柱內에 相冲이나 공망이 되지 않으면 하는일에 열심히 노력하고 열의있게 성공되지만 冲이나 空亡이 되는 進神星은 作用을 하지 못한다.

가령 一月生이 甲子日인데 年이 午年生이나 月, 時中에 午가 있다면 冲이되는 四柱이므로 진신성이 作用못하고 年柱를 主動하여서 (壬戌年이나 癸亥年生이라면 日柱가 子는 空亡이 된다) 空亡이 되면 진신성이 작용을 못하게 되는 것이다.

※ 어떤 易者들은 進神星의 作用力이 弱하다고 하는者도 있었는데 그것은 오로지 되는 것을 몰랐을때 하는 말이다.

※ 流年볼때

◎ 一, 二, 三月에 出生者가 甲子日生이면서 甲子年을 만났을 때는 무슨 일이던지 努力만하면

성공이되며,

◎ 四月、五月、六月에 出生者 甲午日生은 진신성이 있는데 甲午年을 만나면 同業으로 合資하여서 억지로 밀고나가도 何事라도 成功이되며

◎ 七、八、九月에 出生者가 己卯日生이 된 四柱는 진신성이 있는데 己卯年을 만나면 송사문제가 성공되며 結婚및 再婚이 성공이 되며

◎ 十、十一、十二月에 出生者가 己酉日生이된 四柱라면 前에 失敗하였던 일이 성공되고 고등고시 各種 시험이 合格되는 吉年이 된다.

※ 進神星은 宮合에 作用하지 않는다.

(4) 金輿星(금여성)

日干	甲	乙	丙	丁	戊	己	庚	辛	壬	癸
金輿	辰	巳	未	申	未	申	戌	亥	丑	寅

金輿星이 四柱에 有하면 머리가 영리하며 發明家나 又는 官祿으로 成功하며 妻도 美人이며 妻家德도 있다. 出世運이 大吉하다. (甲日生이 四柱內에 辰이 있으면 금여살이 된다) 金輿星은 貴星이라고 한다. 그러므로 宮合 또는 年運볼때 必히 참고하라.

※ 流年볼때

甲日生이 年、月、時에 어디라도 辰이 있으면 금여살이 있는 四柱인데 이런 四柱가 아니더라도 甲日生이 辰年을 만나면 사회적으로 귀인을 만나고 大發展의 운세가 되며 辰日生이 甲年을 만나면 財産이 많은 男子에게 사랑을 받으며 재물의 도움을 많이 받게 된다。 筆者의 주변에도 많은 사람들에 금여성을 만나서 여자에 또는 남자에 도움을 받어서 자금을 만들어 용기백배 사업 성취되는 것을 많이 보고 있다。

※ 宮合볼때 男子四柱 日柱地支가 辰日生의 四柱일때 女子四柱 日柱天干이 甲日生을 만나면 妻德이 매우 많으며 男子 甲日生이 女子 辰日生과 結婚하면 남편에 德이 많고 百年偕老하며 平生을 香樂으로 생활하게 된다(금여살은 以下同一하다)。

※ 注意할 것이 있다。 금여성이 있으면 宮合이 大吉하다。 그런데 辰日生이 甲日生과 만나면 금여성이 되지만 甲戌日生이 되지 못하고 巳日生이 乙을 만나면 금여가 되지만 亥日이 되면 금여가 되지 못하며 未日生이 丙을 만나면 금여가 되지만 丙戌日이 되면 금여가 되지않으며 申日生이 丁己日生을 만나면 금여가 되지만 丁巳日生이나 己巳日이 되면 금여가 作用을 못한다。 未日生이 戌日生을 逢하면 금여성이나 戊戌日이 되면 금여성이 作用을 못한다。 戌日生이 庚日生을 逢하면 금여성이나 庚辰日生이 되면 금여성이 작용을 못하며

(5) 魁罡星(괴강성)

亥日生이 辛日生을 逢하면 금여성이나 辛巳日生이 되면 금여성이 작용을 못한다.

丑日生이 壬日生을 逢하면 금여성이나 壬子日生이 되면 금여성이 작용을 못한다.

寅日生이 癸日生을 逢하면 금여성이나 癸亥日生이 되면 금여성이 작용을 못한다.

四柱日柱에 庚戌、庚辰、壬辰、戊戌 四柱中에 日辰이 有하면 病이 자주 침범하며 寡婦되며 又는 生離別하고 四柱中 三個있으면 反對로 富貴하며 大吉해진다(十二運星을 붙여보라) 十二運성이 衰、病、死、葬 등이 日辰밑에 있고 日辰이 괴강살이되면 완전히 살아 있는 것이 되지만 生、旺、帶、冠 등이 붙어 있으면 괴강살 작용을 못한다. 다른 살격도 같이 해석한다. 다시 말해서 괴강살은 惡化되기도 하고 善化도 된다. 악화될때 (작용할때)는 十二운성에 나쁜성 衰、病、死 等 글자 自體의 音이 衰는 쇠퇴한다는 뜻이며 病이들었다는 뜻이고 死는 죽었다는 뜻이 되니 글자의 뜻이 나쁘지 않는가, 그러므로 나쁜 十二운성이 있으면 그대로 괴강살이 작용을 독이올라서 하지만 生、旺 등이 있다면 괴강성을 서서히 달래는격(타이르는것)이 되니 성격을 죽이며 완화한 성품을 가지게되니 싸움이나 악한 처세가 되지 않는 것이다.

※ 流年 붙때는 작용력이 없다.

※ 宮合볼때는 男子日柱가 괴강일柱生일때 女子日柱가 괴강일柱生이라면 相互間 自己의 고집을 세워서 승리 할려고 노력을 하게되니 항상 다투며 으르렁 거리게되며 가정이 不安하게 생활 하게되니 좋지 않다, 될수있으면 日柱對 日柱가 魁罡이되면 結婚하여 좋겠고 특히 魁罡 日 出生한者는 男女를 不問하고 魁罡日에 結婚을 選擇하면 必히 生死別한다.

(6) 天乙貴人

日 干	甲戊庚	乙己	丙丁	壬癸	辛
天乙貴人	丑未	子申	亥酉	巳卯	午寅

見法은 日干 甲日이면서 四柱中 地支에 丑이 있으면 天乙貴人이 붙는다. 貴人은 德을 받는 것을 말한다. 또는 甲日生이나 戊日生, 庚日生이 未字가 年, 月, 日, 時支에 어듸에 있어도 있으면 貴人이 있는 四柱이다.

※ 四柱中에 天乙貴人이 有하면 凶한 四柱라도 吉로 變하여 大凶四柱라면 平이 되고 大吉四柱라 면 더욱 大吉한 四柱가 되며 각종 좋지않은 살이 있어도 平탄해진다.

四柱何柱에 있더라도 있는 기둥에 刑冲破害가 있으면 貴人이 破壞되고 오히려 一平生 풍마 와 苦生이 많다.

※ 例를들면 年에 貴人이있는데 他柱支가 年支를 冲破시켰다던지 害가되었다면 貴人의 作用을 못하니 必히 참고하라.

※ 貴人이 있는 天干이 他柱와 干合되면 出世를 빨리하며 한평생 관액을 받지 않는다. 또는 地支가 支合 三合이 되어도 同一하다.

※ 貴人과 괴강이 같이있는 四柱는 남들에게 존경을 받는다. 이유는 前에도 설명했지만 괴강살은 타이르면 말을 잘듣기 때문이다.

※ 여기에도 十二운성중 旺生養等이 같은 柱에 있으면 더욱길하지만 死絶等의 弱한 十二운성이 있으면 貴人이 않되는 것이니 貴人으로 보지말것.

※ 天乙貴人은 어려울때 急한 위기를 만났을 때에 구원의 손길을 받는 것이 즉 天乙貴人이라고 하는데 或은 玉堂天乙貴人 또는 回生天乙貴人이라고 하는데 回生天乙貴人에서 德을 받지 못하는 地支字가 두개 있다. 즉 그것은 도표에서 없는 辰戌이니 여기 辰戌字만 魁罡殺에 해당하는 惡鬼의 形體를 가진 者이므로 貴人의 손길을 받을수가 없다. 다시 말해서 殺人者인 惡한 犯人에게는 특사라던가 判事. 검사의 여유있는 공판에 임할수없다는 뜻이다.

※ 貴人이 年柱에 있으면서 冲破害等의 살이 해당하지 않으면 祖上德이 많았고 月柱가 되지않고 天乙貴人이 되었다면 父母兄弟의 有德함을 알수있으며 時支天乙貴人이 되면서 冲破害가 되지 않으면 子孫에 德이 많다고 보는데 年天干을 기준하여서 日柱地支가 天乙貴人이

※ 流年評할때

甲日生이나 戊日生 庚日生이 丑年이나 未年을 만났을때는 (每年의 太歲) 우연히 貴人을 만나서 어려운 난관이 해소되고 吉運이 되며 財運도 吉하다. 特히 男女 연정관계사가 發生하기 쉬운데 吉緣이라고 볼수있다. 太歲를 보라 다른 天乙貴人도 同一하다.

※ 宮合볼때

男子가 甲日生이나 戊日生 庚日生이 女子 丑日生이나 未日生을 만나면 宮合이 大吉이라고 하고 男片德이 있다고하며 女子가 甲戊庚日生이 男子 四柱中 日柱地支에 丑이나 未가 되면 貴人이 되는데 妻를 得한후 萬事順調롭고 뜻과 같이 모든일이 成功되어서 妻德으로 成功한다고 본다. 또한 他天乙貴人에 속하는 乙己에 子申等도 同一하다.

※ 結婚擇日할때도 天乙貴人을 본다.

主로 女子日柱 天干으로 보는데 가령 女子日干이 辛日生인데 結婚日 午日이나 寅日이면 結婚日이 좋다. 그러나 주의할 것은 甲日이나 戊日庚日生의 者인데 丑未日은 吉日이지만 남자의 年齡이 未年生이나 午年生이라면 不吉이된다. 男子 年地支와 日이 相冲이되던지 원진살이되면 凶日이되어서 結婚이 不吉하여 風波가 많아지고 自動的으로 離別 破財된다.

(7) 天厨貴人 (천주귀인)

日干	甲	丁	戊	己	庚	辛	壬	癸
	乙							
月支	巳	午	申	酉	亥	子	寅	卯

天厨貴人은 四柱中 日柱天干이 甲日이며 月柱地支에 巳가 되던지 丙日生이 月支에 巳가 되던지 乙日生이 月支가 午가 되던지 丁日生이 月支가 午가 되는 것이되면 天厨貴人이 된다. 貴人이 되는 四柱는 一生同一하게 財産을 많이 가지고 偏된 生活로 삶을 영위하게 된다. 天厨貴人은 單一하게 四柱볼때만 판단한다.

(8) 太極貴人

日干	甲乙	丙丁	戊己	庚辛	壬癸
年支	子午	酉卯	丑辰戌未	寅卯	巳申

太極貴人은 四柱中 日柱天干을 爲主하여 四柱中 年柱地支와 상대시키는데 가령 四柱中 日柱가 甲日生인데 四柱內 年柱에 地支子年生이나 午年生이라면 太極貴人이되며 丙日生이나 丁

日生이 年에 酉나 卯가 있는 四柱라면 太極貴人이 된다. 太極貴人은 생각지 않는 福이 오는 것을 말하며 橫財 急來福을 의미하는데 一生동안 貴人이 있으면 많은 部下를 두고 社長局長長官도 되는수 많다. 그러나 年支를 冲破害시키는 地支가 時支에 있다면 年支가 太極貴人이 死滅되며 不吉하게 되며 貴人이 되지 않는다. 특히 참고 명심하라.

※ 流年볼때

日干을 주동하여 流年太歲에 太極貴人이 되면 橫財있는 年이되며 (冲破害가 되지 않는 太極貴人일때) 吉年이 되고 또 子年을 만났을때를 말한다. 가령 甲日柱四柱가 子年이나 午年을 만날때이며 乙丙丁등도 太極貴人도 표를 보라.

※ 宮合볼때

女子를 主動하여서 보는데 甲日生 四柱인 女子가 男子四柱日支가 子日生이나 午日生이면 兩人에 太極貴人이 되어서 幸福을 영원히 가지고 百年偕老하며 女子四柱 年天干이 甲年生이나 또는 乙年生이 男子 子年生이나 午年生을 만나면 남편하는 사업이 순조롭게 잘되며 大成功한다. 丙丁、戊己、庚辛、壬癸도 同一하다.

(9) 天德貴人

月支	寅	卯	辰	巳	午	未	申	酉	戌	亥	子	丑
天德貴人	丁	申	壬	辛	亥	甲	癸	寅	丙	乙	巳	庚

四柱中 生月寅月生이 四柱天干에 丁이 있으면 天德貴人이 붙는다. 四柱中 天德貴人이 있는 사람은 吉함을 말하는데 해당하는 기둥 即 年柱에 있으면 祖上德 있고 時柱에 있으면 子孫德 이 있다고 말한다. 또는 日柱에 있으면 妻德이 있다고 보며 天德貴人은 空亡이 되면 파괴되며 天德貴人이 되지 않는다. 支合이나 三合이되면 天德貴人이 더 왕성하여져서 확실하게 德이되 는 作用을 하여 一生에 刑厄이나 橫厄이없이 一生을 살게된다.

※ 流年볼때

四柱八字中에서 月柱地支가 寅月生이 丁年을 만나면 財運旺盛하여 하는일이 순조롭고 만사 형통하여지며 새로운 직업을 가져서 성공과 출세의 운이 된다. 특히 國會議員에 출마득 하면 당선된다.

※ 宮合볼때

男子나 女子中에서 寅月生이 丁月生을 만나면 幸福하고 家庭이 安樂하고 平生을 無厄하게

(10) 月德貴人

月支	寅午戌	申子辰	亥卯未	巳酉丑
月德貴人	丙丙丙	壬壬壬	甲甲甲	庚庚庚

四柱中 生月支寅이나 午는 모 戌月에 出生한 사람은 四柱中天干에 丙字만 있으면 月德貴人 이 있는 四柱가 되는데 貴人있는 者는 結婚하여 妻德大吉하며 兄弟德도 有하고 吉運이나 二運星中에서 養、病、死、葬等이 月德貴人이 있는 柱에 붙으면 허사가 된다。 또는 相冲、破害도 月地支에 해당하면 月德貴人이 파괴된다。

※ 男子가 日이나 時에 있으면 한평생 無厄風波하고 吉하며。
※ 女子가 日이나 時에 貴人이 有면 정조 대단히 強하면서 産厄이 無하다。
※ 流年볼때

가령 月支가 寅月生四柱인者가 丙年을 만나면 貴人을 만나고 혹은 **貴子를 生男孕胎**하게 되

살게 되는데 주의할 것은 空亡이되면 안된다。 가령 戌亥日生이 日柱가 甲子日이나 乙丑日、丙寅日、丁卯日、戊辰日、己巳日、庚午日、辛未日、壬申日、癸酉日生이라면 月支가 空亡되니 天德貴人이 파괴되니 宮合볼때 作用을 할수없으며 四柱운에서부터 파괴된 것이된다。

며 男子는 遠行간 친척이나 外國에 갔던 친척이 찾아오고 행방불명이 되었던 父母兄弟를 만나게 되는 수많고 재수도 대길하다.

※ 宮合볼때

男子가 寅月生이며 女子가 丙月生이면 男子에 사랑을 女子가 많이 받고 女子의 四柱가 寅月生이며 男子의 生日이 丙月이면 妻의 사랑을 받는다. 月과 月만 대결시키는데 十二운성에 死、葬、病、衰가 月支에 없어야 되며 月支에 不吉한 十二運星이 있으면 月德貴人은 作用 못하고 다른 殺은 관계하지 않는다.

(11) 將 星

將星	日支
午	寅午戌
子	申子辰
酉	巳酉丑
卯	亥卯未

四柱中에 日支가 寅이나 午 또는 戌日일때 四柱中 何柱라도 午가 有하면 將星살이 있게 되는데 이 將星이 있으면 文이나 武로써 큰 벼슬자리에 올라서 頭領이 되며 부하를 거느리게 된다. 將星있는 四柱에 羊刃이 同柱해 있는 四柱는 一國에 財政을 장악하고 國家에 總力을 기울이게 되며 弱한 末職을 택한다 하더라도 큰 會社에 財政을 장악하게 된다.

※ 日干五行이 相剋시키는(가령 日干木인데 他柱에 土가 있을때) 五行이 있다면 재산관리를 장상하는 관리자가 되는데 특히 日干과 대결하여서 地支五行에 土가 있으면 더욱 확실하며 一國에 財政을 장악하게 된다.

※ 流年볼때와 擇日할때는 필요하지 않으며 앞으로 特別히 流年볼때 또는 擇日할때라고 명기되지 않는 것은 必要하지 않기 때문이니 學者는 미리 이해하기 바란다.

(12) 華蓋(화개)

日支	寅午戌	申子辰	巳酉丑	亥卯未
華蓋	戌	辰	丑	未

四柱中 日地支가 寅日이나 午日 및 또는 戌日일때 四柱中 他柱에 戌이 있으면 華蓋살이 있는 四柱가 된다. 이 華蓋살이 있으면 文章이나 예술 재주에 능하고 어질다. 華蓋가 日支를 生해 오는 五行이 있는 柱下에 華蓋가 있으면 큰 學者가 된다. 華蓋가 있는 곳에 空亡이 萬若되면 총명은 하지만 큰 成功은 못하고 客地에서 풍파 있다.

※ 華蓋살이 年柱에 있으면 社會的으로 명망을 떨치고 名振四海가 되고 月柱에 있으면 兄弟之間에 출세하는 자 있으며 時에 華蓋살이 있으면 天才的인 머리와 子孫에까지 출세하는 四柱

第十三章 強神殺

(1) 囚獄殺(수옥살)

生日	寅午戌	申子辰	巳酉丑	亥卯未
囚獄殺	子	午	卯	酉

申年에 出生한자나 子年生 辰年生이 四柱中에 午가 있으면 수옥살이 있는 뜻이다. 그러나 職業을 刑務官이나 警察官等 強職의 公職生活을 한 者는 살의 作用을 받지않게 되고 또는 수옥살이 되는 곳에 空亡이나 冲破가 되면 囚獄殺이 解消되며 作用을 하지 못한다.

※ 流年볼때

歲年에 四柱年支를 主動하여서 申年生이 午를 逢했다던지 子年生이 午를 逢했다던지 辰年

가 된다.

(2) 驛馬殺 (역마살)

生이 午를 맞이했을 때는 官厄을 注意하며 或은 手術을 하게 된다. 특히 四柱內에 囚獄殺이 있으면서 囚獄殺되는 年을 만나면 확실하게 살의 作用力을 발생하며 百發百中이 되느니라.

他囚獄殺 一切同一 하다.

※ 宮合볼때

男子 日支가 申子辰日生이 女子四柱中 日支가 午日生이면 日支對 囚獄殺이 된다. 이런 宮合이 만났다면 結婚後 三年以內로 男子가 獄中生活을 하던지 官災口舌을 받게 된다. 日支外는 보지 않는다.

日支	寅午戌	申子辰	巳酉丑	亥卯未
驛馬	申	寅	亥	巳

※ 驛馬는 떠나는 것을 말하며 早出他鄕한다.

驛馬殺은 日柱中 日支가 寅日이나 午日 또는 戌日일때 他柱에 申이 있으면 驛馬殺이 있는 四柱다.

※ 驛馬있는 四柱 기둥이 他柱와 支合이 되면 驛馬가 吉해겨서 每事가 다 잘된다. 그러나 돌아다니는 것은 변함없이 많이 돌아다닌다.

※ 驛馬가 冲破害를 당하게 되면 客地에서 客地로 돌아다니면서 많은 風波를 만난다.

※ 年에 驛馬가 해당하면 항상 多事奔走하며 月에 驛馬가 들면 客地에서 苦生하며 時에 驛馬가 들면 子孫과 離別하고 客地에서 孤獨하게 산다.

※ 年柱支를 主動해서 日支가 驛馬되면 夫婦間別居하며 離別하여서 산다. 가령 年柱支가 寅年生이나 午年生인데 日柱支에 申日이 되면 日柱가 驛馬殺이 있게 된다.

※ 流年볼때

四柱年柱支를 主動해서 寅年生이 歲年申年을 만났을때 外國에 가던지 職業을 변화한다. 가령 未年出生人者가 巳年을 만났을때 等等이다.

月支를 主動하여서 運歲年이 驛馬殺이되면 가정을 移舍하고 새로 집을 짓기도 한다. 가령 寅月, 午月, 戌月等일때, 申年을 만났다면 가정이 移舍가 된다.

日柱支를 主動해서 寅日이나 午日生이 申年을 만났다면 驛馬年이 되는데 驛馬드는 當年에 夫婦離別하며 或은 妻가 도망가기도 하며 간부를 두는 妻도 있다.

時柱支를 主動하여서 驛馬가 되면 子孫을 잃어버리고 혹은 무단가출하는 子가 있고 또는 結婚하는 子女가 있다. 가령 時가 申時인데 寅年을 만났을때 等이다.

※ 宮合볼때

男子年支와 女子四柱의 年支가 역마되면 男女 따로 따로 職業을 가지고 서로 協力家成시키며 吉하지만 夫婦間別居를 자주하며 完全離別은 되지 않는다.

男子과 女月이 驛馬되면 結婚後 男子의 家門에 兄弟之間 行方不明 또는 客死하는 兄弟가 있으며 男子日柱支와 女子 日柱支와 대결하여서 驛馬가 되면 夫婦間 離別하게 되며, 男子時支와 女子時支가 驛馬殺이되면 人生終末을 客地에서 보내게 된다.

가령 男子年에 寅午戌等의 地支가 있는데 女子年에 申이 있다면 年에 驛馬가 되며 다른 月日時도 同一하다.

(3) 桃花殺

日支	寅午戌	巳酉丑	申子辰	亥卯未
桃花	卯	午	酉	子

일명敗神殺 이라고 하는 것이며 四柱中 日支가 寅午戌일때 他柱에 卯가 있으면 桃花殺이 붙는 것이다.

又는 月支를 主動하여서 보는 수도 있으니 日柱와 月柱와 같이 보아라. 月柱를 가지

고 볼때는 日柱에 桃花殺 있으면 男子는 妾을 두고 女子는 외간男便을 가지게 되는수도 있다

※ 四柱中에 桃花殺이 있으면 男子는 好色家이다. 女子는 풍유를 좋아한다.

※ 四柱中에 日支와 時支에 桃花殺이 있다면 酒色으로 敗家亡身한다.

※ 桃花殺이 十二運星에 死絕等의 쇠약한 十二運星이 같은柱에 同柱하게 되면 배은 망덕하며 교활하고 음탕하다.

※ 女子四柱에 桃花殺과 驛馬殺이 同柱해 있으면 음란하고 챙피한것을 모르고 본 남편모르게 정부와 他鄕으로 도망간다.

※ 日支나 時支에 桃花가 있고 羊刃殺이 붙어있으면 學識 又는 재주가 있고 영리하나 몸이 쇠약해진다.

※ 桃花殺 있는 곳에 空亡이 되면 더욱 吉해지고 桃花殺에 日干을 剋하는 五行이 同柱하면 福이 있고 四柱中 日干의 五行이 陰인데 日干을 剋해오는 五行이 陽이되면서 剋해오는 柱에 桃花殺이 있으면 財福有하다.

※ 流年볼때
四柱中 日支를 主動해서 今年(每年의 歲年)운과 도화살이 되면 男女間에 바람을 피우게 되며 財産에 損財도 있게 된다.

※ 당년太歲를 主動하여 今年太歲가 卯年인데 四柱中 寅午戌日生者라면 年을 主動해서 桃花殺

※ 宮合볼때

이 되는데 이럴때는 夫婦間 이별하게 된다。 또는 간부도 두는 수 있으며 男子는 有妾하게 된다。

男子四柱와 女子四柱를 나열시켜 놓고 男子日柱와 女子日柱 年과 月 時와 時를 결하여서 桃花殺이 있는가? 보는데 가령 男子生年이 寅年生인데 女子生年이 卯年生이면 結婚後 되는일이 없고 남편의 앞길이 막히며 男子 月과 月을 主動해서 도화살이되면 (男子는 卯月生인데 女子는 寅月生일때) 結婚後 父母가 (男子의 父母) 이면 (女子日柱가 寅月生이고 男子日柱가 卯日生이면) 風破가 시작되며 日과 日桃花殺 生이며 女子가 卯日生이면 女子가 간부를 두고 부부풍파 일어나며 時와 時 (男子와 女子의 四柱에서)가 桃花殺이 되면 子孫들이 不充하고 家産을 탕진하며 學業도 中斷되고 無德한 子孫 이 된다。

※ 寅年戌이 卯가 있는 곳을 피해물 주는 것이고 冲破害의 說明과 同一하다。

(4) 鬼門關殺

日支	子	丑	寅	卯	辰	巳	午	未	申	酉	戌	亥
鬼門	酉	午	未	申	亥	戌	丑	寅	卯	子	巳	辰

鬼門關殺은 四柱日柱支를 主動하여서 年柱支가 鬼門關殺이 되는 것을 말하는데 例를들면 子日生 四柱에 酉年生이면 鬼門關殺이 된다.

이殺은 누구나 정신 이상이 되먼지 또는 신경쇠약이 걸리는 것을 말하는 것인데 時柱를 主動하여서 年柱가 空亡이 되면 鬼門關殺이 作用을 못한다. 空亡이 될때는 鬼門關殺이 없는 四柱가 된다.

※ 宮合볼때

女子日柱를 主動해서 가령 子日生인 女子가 酉日四柱인 男子를 만나면 男子가 結婚한後 精神異常 또는 血壓으로 病患者되고 男子日柱를 主動해서 男子日柱가 子日生인데 女子四柱의 日柱가 酉日生일때는 結婚後 女子가 정신이 온전치 못하여지며 이상적 환자가 된다. 必히 宮合에 적용시킬것.

(5) 白虎大殺

甲辰、戊辰、丙戌、壬戌、丁丑、癸丑、乙未、

四柱中 年柱에 있으면 祖上의 吉凶事를 아는 것이고 月柱에 白虎大殺이 되면 父母兄弟가 白虎大殺이 되며 日柱가 白虎大殺이 되면 夫婦間에 惡死하게 되며 時柱가 白虎大殺이 되면 子孫이 凶惡하게 死하는수 있다. 白虎大殺은 急殺 惡殺하는 것을 말하며, 白虎大殺은 冲破가

되면 殺이 없어지고 平坦한 물결로 된다.

假令, 戊辰年이나 丁丑年, 丙戌年, 乙未年, 甲辰年, 癸丑年, 壬戌年의 四柱인者는 祖上이 惡死 또는 早別하였고 月에 있으면 父母兄弟가 惡死한다 時에 있으면 子孫이 惡死한다.

※ 流年볼때

白虎大殺이 해당하는 生年일때 가령 戊辰年出年者가 戊辰年을 만나면 社會的으로 惡凶한 운이되며 月柱가 戊辰이나. 또는 다른 白虎大殺에 해당하는 甲辰, 癸丑等인 四柱인 者가 戊辰年이나 甲辰年, 癸丑年等을 만나면 父母가 惡死하며 不然이면 兄弟가 惡死하며 日柱가 白虎大殺인데 白虎大殺에 해당하는 甲辰年, 癸丑年等을 만나면 夫婦 妾等이 惡死하며 時柱가 白虎大殺인데 白虎大殺에 해당하는 年을 만나면 子孫이 惡死한다.

※ 宮合볼때

男子、女子의 日柱와 日柱를 主動하여서 日柱가 白虎大殺에 해당하는 戊辰日生인데 男女同一하게 戊辰日生이나 또는 女子 壬戌日柱에 男子 壬戌日柱가 되는 四柱끼리 만나면 凶死別(夫婦間)한다.

(6) 落井殺(락정살)

日干	甲己	乙庚	丙辛	丁壬	戊癸
日時支	巳	子	申	戌	卯

四柱中 甲日生이나 己日生 四柱인 者가 巳日出生者나 巳時에 出生한 者라면 낙정살이 있는 四柱가 된다. 또는 乙日生이나 庚日生인 四柱가 子日이 되던지 子時가 되면 落井殺이 되는 四柱이다. 落井殺은 글자 그대로 우물에 떨어진다는 것을 가리키는 것이다. 여기 落井殺이 있는 四柱는 何人을 막론하고 乘船(배타는 것) 수산업, 해물업등은 절대로 금할 것이고 우물이나 물에 빠지듯 실패한다. 그러나 日柱支와 時柱支가 冲이나 破가 되면 落井殺이 없어지며 殺로 인한 피해를 입지 않는다.

※ 宮合 볼때

女子를 主動해서 女子日柱 天干이 甲日이나 己日生이며 男子四柱에 日柱支가 巳日生이 되면 宮合에 落井殺이 붙는다. 언제나 女子를 主動해서 보라. 落井殺이 있는 宮合이 되면 夫婦間 만나서 七年 以內에 水難을 당하여 물에 빠져 죽는다 女子四柱 乙, 庚, 日生이 子日生 男子를 만나면 낙정살이 있다. 다른 落井殺도 同一하다.

※ 流年볼때

日干을 主動해서 當年歲年에 地支가 落井殺이 되면 물조심하여야 하며 물에서 나온 魚物等에 投資하면 損財있으며 乘般等은 大凶이 된다.

가령 甲日이나 己日生의 出生한 사람이 己年을 만나면 落井殺이 된다.

(7) 多轉殺(다전살) 天轉殺이라고도 한다

生月	寅卯辰月	巳午未月	申酉戌月	亥子丑月
多轉殺	乙卯日	丙午日	辛酉日	壬子日

四柱中 月柱地支가 寅月이나 卯月 또는 辰月에 出生한 四柱에 日柱가 乙卯日出生者는 多轉殺이 되는데 多轉殺이 되면 職業變動을 많이하며 하나의 職業으로 오래 유지못하고 風破가 많은 것이 된다.

※ 流年을 볼때

乙卯日에 出生한者가 寅月生이 되면 또는 卯月生이나 辰月生이 되였을때 多轉殺이 되는데 乙卯年을 만나면 직업에 敗多하여 만사 大凶하게 되며 丙午日生이 巳月에 出生한 四柱일때 丙午年을 만나면 職業失敗 또는 변화한다. (궁합볼때는 參考하지 않는다)

(8) 地轉殺(지전살)

生月	寅卯辰月	巳午未月	申酉戌月	亥子丑月
地轉殺	辛卯日	戊午日	癸酉日	丙子日

四柱中 日柱가 辛卯日生이 寅月이나 卯月辰月에 出生하였다면 地轉殺이 있는 四柱는 初期에는 잘 始作되여서 成功이되나 끝이 좋지 않어서 終末에는 失敗하는 惡한 운명 이 되며 各種職業을 한번씩 가져 보게 된다.

(9) 梟神殺(효신살) 培母殺이라고도 한다

日支	子	亥	寅	卯	午	巳	辰	戌	未	丑	申	酉
日	甲	乙	丙	丁	戊	己	庚	庚	辛	辛	壬	癸

培母殺은 四柱中 日柱가 甲子日生이 되던지 乙亥日에 出生者이면 일찍 母親을 死別하거나 離別하게되고 또는 庶母가 있게되고 큰어머니가 있을수 있다.

培母殺은 空亡이되면 作用力이 없어지는데 年柱를 主動하여서 空亡을 본다.

※ 流年볼때

가령 甲子年生이 乙亥日生이나 戊日生이 되면 殺이 파괴되며 無力해진다.

甲子日生이 甲子年을 만나던지 乙亥日生이 乙亥年을 만나면 分家 또는 同事業始作되는데 必히 損財및 사기를 당하게되며 혹은 夫婦이별도 된다. 丙寅, 丁卯日도 同一하게 같은 方法으로 보라.

※ 宮合볼때

甲子日生 男子가 女子甲子日生 만나면 서로 主動者가 될려는 固執이 있게되며 言爭事多하고 結論에는 離別하게 된다.

乙亥日生이 乙亥日生과 만나던지 丙寅日生이 丙寅日生을 만나면 同一하게 된다. (배모살만 해당된다)

(10) 孤神殺(一名 격각살이라고도 한다)

年支	子	丑	寅	卯	辰	巳	午	未	申	酉	戌	亥
孤神	寅	寅	巳	巳	巳	申	申	申	亥	亥	亥	寅

四柱中 子生일때 他柱에 寅이 有하면 孤神殺이 붙는데 男子가 이 살이 있으면 喪妻하며 孤

獨하게 된다.

女子일때는 生離別하게 되며 又는 別居를 많이 한다.

年支가 子인데 日柱地支가 寅日生이라면 喪妻하고 不然이면 生離別하며 時柱地支가 子時인데 日柱地支가 寅日生이라면 時支가 日支를 孤神殺을 만드는 것이 되여서 喪妻및 生離別하게 된다. 丑年生이 日柱支에 寅이 있을때, 寅卯辰年生이 日柱支가 巳일때, 巳午未年生이 申日生일때, 申酉戌年生이 亥日生일때 喪妻한다고 보는데 男子 四柱에 寡宿殺을 主로 적용한다.

※ 流年볼때

子年生이 寅年을 만나면 孤神年이 되며 丑年生이 寅年을 만나면 孤神年이 되고 寅年生은 巳年이 孤神, 卯年生은 巳年이 孤神, 辰年生은 巳年이 孤神, 巳年生은 申年이 孤神, 午年生은 申年이 孤神, 未年生은 申年이 孤神, 申年이 孤神, 酉年生은 亥年이 孤神, 戌年生은 亥年이 孤神, 亥年生은 寅年이 孤神이 되는데, 孤神年에는 男子는 喪妻 또는 夫婦이별 하게되며 不然이면 事業失敗한다. 女子는 男子에 근심이 발생하며 간부가 생기게 되는 망신의 운세이다.

※ 宮合볼때

男子 子年生이 女子四柱에 日柱支에 寅日生을 만나면 喪妻하며,

男 丑年生은 女子 寅日生 大凶
男 寅年生은 女子 巳日生 大凶
男 卯年生、女子 巳日生 大凶
男 辰年生은 女子 巳日生 大凶
男 巳年生은 女子 申日生 大凶
男 午年生은 女子 申日生 大凶
男 未年生은 女子 申日生 大凶
男 申年生은 女子 亥日生 大凶
男 酉年生은 女子 亥日生 大凶
男 戌年生은 女子 亥日生 大凶
男 亥年生은 女子 寅日生 大凶

※ 孤神殺은 合이되면 作用力이 쇠약해진다。 가령 子年生이 寅日에 出生하였는데 四柱內에 亥가 있던지 표이 있으면 年子가 合이되기도 하며 (子丑合) 표은 없는데 亥가있다면 (寅亥合) 支合이 있는 것이된다。

男子四柱에 孤神殺이 있을때 女子四柱에도 孤神殺이 있으면 夫婦 必히 喪妻및 離別한다。

孤神殺은 支合 三合이 되는 것을 첫째 흉살이 吉로 변화시키는 것이 된다。

(11) 寡宿殺 (과숙살)

年支	子	丑	寅	卯	辰	巳	午	未	申	酉	戌	亥
寡宿	戌	戌	丑	丑	丑	辰	辰	辰	未	未	未	戌

四柱 年柱에 子生일때 他柱에 戌이 있으면 寡宿殺인데 男子는 夫婦離別할 운이며, 女子는 喪夫하여 寡婦된다. 이살이 있는 四柱기둥에 十二運星의 吉星이들면 離別程度이지만 死衰絶 等이 붙으면 完全히 寡婦된다. 가령 子年生 日支에 戌이 있는데 戌字밑에 死衰絶이 있으면 大凶이 되고 吉星十二運星은 旺養生帶 등이다.

※ 男女 四柱內 과숙살이 있으면 年에 있을때 父母운이 나쁘며 時나 月에 있으면 夫婦 子女와 의 인연이 나쁘다.

※ 男女間 과숙살 있는 四柱기둥에 華蓋殺이 同柱되면 중될팔자다.

※ 과숙살이 驛馬殺과 同柱되면 과부된후 客地에 나가서 많은 男子와 또는 男子일경우 많은 女子와 연정을 맺으며 風波를 당하면서 허송 세월 보낸다.

※ 과숙살이 女子에게 있으면 男子에게 孤神殺이 있으면 대개 형벌을 한번정도 받는다.

※ 女子四柱에 年支가 子年生인데 日柱支가 戌이되면 과숙살이되며 丑年生이 戌日의 日支를 가

※ 流年을 볼때

女子四柱 年柱支가 子年生인데 戌年을 만나면 과숙년이 되고 丑年生이 戌年을 만나면 과숙년이 되고 寅年生이 戌年을 만나면 과숙년이 아니면 死別하여 과부되는 운이며 財産에 失敗도 있게된다. 他支도 同一하다. 男子가 과숙살년을 만나면 健康에 疾病이 침범하고 夫婦間에 言爭事 많으며 家庭이 온화하지 못한운이 된다.

四柱일때 과숙살이되며, 時柱支에 子時生인데 日柱支가 戌日生이라하여도 과숙살이 되나 死別은 없으며 生離別하던지 不然이면 生離別할 程度로 財産風波는 한번 겪는다. 日支가 戌日인데 時支가 丑時면과 숙살이되며 寅卯辰生이 丑日生이 되면 과숙살이며 巳午未時生이 辰日生이면 과숙살이 되고 申酉戌時生이 未日에 出生되면 과숙살이 된다.

※ 宮合볼때

女子四柱에 寡宿殺이 있는데 男子四柱에 同一하게 寡宿殺이 있는 四柱와 結婚하면 夫婦生離別하며 相互間에 不幸이 된다.

女子 子年生은 男子 戌日生을 만나지 말것
女子 丑年生은 男子 戌日生을 만나지 말것
女子 寅年生은 男子 丑日生을 만나지 말것

女子 卯年生은 男子 丑日生을 만나지 말것
女子 辰年生은 男子 丑日生을 만나지 말것
女子 巳年生은 男子 辰日生을 만나지 말것
女子 午年生은 男子 辰日生을 만나지 말것
女子 未年生은 男子 辰日生을 만나지 말것
女子 申年生은 男子 未日生을 만나지 말것
女子 酉年生은 男子 未日生을 만나지 말것
女子 戌年生은 男子 未日生을 만나지 말것
女子 亥年生은 男子 戌日生을 만나지 말것

※ 즉 宮合에 **과숙살이** 되는데 과숙살이 되는 宮合은 男子가 早死되며 女子는 寡婦가 된다.

※ 男子는 孤神殺이 있는 四柱이며 女子는 寡宿殺이 있는 四柱일때는 서로 結婚하여도 惡運이 無하고 오히려 一生을 安樂하게 산다.

※ 寡宿殺도 支合 三合이되면 殺에 作用力이 弱하게 된다. 孤神殺과 同一하다.

(12) 男女 生死別의 日辰 (四柱 日柱에 있을때 遇有다)

男子에게 있으면 妻가 早死하며 女子日柱에 있으면 男子가 早死하는데 男子도 日柱에 辛酉日인데 女子도 日柱。 己丑日 等이면 무방하다。

甲寅日, 辛酉日, 己丑日, 乙卯日, 乙未日, 壬子日, 丙午日, 戊辰日, 庚申日, 戊申日, 戊戌日

※ 生月이 上記의 日이되면 外傷및 病身된다。

※ 上記日이 日柱에 있는사람이 日柱와 同一한 歲年을 만났다면 바로 그해에 夫婦生死別한다。
(가령 甲寅星이 甲寅年 만날때)

(13) 水厄殺

이 살이 있으면 물에 빠져죽지 않으면 죽을고비를 겪는다。男女共히 同一하다。

一、二、三月生으로 寅時에 出生하면
四、五、六月生으로 辰時에 出生하면
七、八、九月生으로 酉時에 出生하면
十、十一、十二月生으로 丑時에 出生하면 水厄殺이 있다。 水厄殺이 있는사람이 水厄年을

다. 가령 1、2、3月에 出生한 사람이 寅年을 만났을때 水厄을 당한다. 1月生이 寅年을 만나던지 四、五、六月生이 辰年을 만났을때 水厄을 당한다. 만나면 水厄을 당한다.

(14) 盲人殺 (맹인살)

봉사 아니면 눈에 이상이 있다. 男女 共히 同一하다.

一、二、三月生이 酉日出生하면 又는 酉時

四、五、六月生이 辰日이나 辰時에 出生하면

七、八、九月生이 未日이나 未時에 出生하면

十、十一、十二月生이 戌日이나 戌時에 出生하면,

盲人殺이 붙는다.

가령 두 夫婦가 盲人殺이 있으면 盲子를 出生시킨다.

(15) 聾兒殺 (농아살)

귀머거리 아니면 귀가 이상이 있다.

寅午戌生은 卯時

申子辰生은 酉時

亥卯未生은 子時
巳酉丑生은 午時

男女夫婦가 同一하게 농아살이 있으면 농아子孫을 出産한다.

(16) 病身殺 (병신살)

乙巳日이나 乙巳時에 出生한者
乙未日이나 乙未時에 出生한者
己巳日이나 己巳時에 出生한者

上記와 같은 者는 病身아니면 항상 몸이 아프다.

病身殺있는 四柱가 즉 乙巳日生이 乙巳年을 만나면 病身이되며 夫婦同一하게 病身殺이 있

으면 病身의 子孫을 出産하게 된다.

(17) 百日殺 (백일살)

百日殺은 出生하여 百日內에 죽지 않으면 죽을 고비를 겪는다.

一, 二, 三, 四月出生한자는 辰戌, 丑未日이나 時에 出生한者,

五, 六, 七, 八月出生한者는 子午卯酉日이나 時에 出生한者

(18) 陰錯殺、陽錯殺(음착살 양착살)

이殺은 出生日로 보는데 陰錯殺은 癸巳、辛卯、丁未、癸亥、丁丑日 出生者이고, 陽錯殺은 壬辰、丙午、壬戌、丙子、戊寅、甲寅、戊申日 出生者는 喪妻 不禍 喪中得妻等의 凶事가 있다. 四柱日柱가 陰錯殺일때 四柱內 年柱를 主動해서 日柱地支가 空亡이 되면 陰錯、陽錯殺이 作用力이 상실한다.

가령 癸亥日이나 壬戌日生이 甲子年이나 乙丑年生 丙寅年生 丁卯年、戊辰年生等일때 九、十、十一、十二月出生한者는 寅申 巳亥日이나 時에 出生한者는 百日殺이 있다。

(19) 鐵職殺(철직살)

壬子日이나 戊辰日은 妓生八字며 男子는 兩妻得運되며、辛酉日이나 丙寅日出生者는 妓生八字며 男子는 바람이 많고、
庚戌日이나 甲午日生者는 世上사람의 妻요 男子는 부로커다.
壬申日이나 丁未日出生者도 妓生의 八字요、男子는 妾들八字다.
철직살은 男女宮合볼때 作用한다.
男子日柱가 壬子日生인데 女子日柱가 戊辰日生이면 男子도 女子도 鐵職殺이 있게되는데 兩

(20) 身體파괴 七殺

水日 土七殺은 胃臟, 冷症發生
金日 火七殺은 肺經
火日 水七殺은 盲人
木日 金七殺은 腰痛症
土日 木七殺은 疾病多有

가령 四柱日辰이 丁亥日이면 丁은 火요 亥는 水이니까 亥水가 올라오면서 丁火를 水剋火하여 相剋시켜 오기때문에 七殺이 붙는다고 한다.

※ 必히 올라가면서 相剋이되어야 한다.

가령 日柱가 甲申日이라면 天干甲木을 地支申金이 올라가면서 상생상극법으로(金剋木) 相剋시킨다. 즉 腰痛症으로 인해서 크게 고생을 한다는 뜻이다.

파괴살은 다시말해서 人體구조에 해당하는 곳이 파괴된다는 글자 그대로다.

人이 다 있으면 夫婦幸福하게 잘산다.

(21) 剛星殺 (강성살)

壬辰日生
壬戌日生
庚戌日生
庚辰日生

四柱中 日柱만본다. 이강성살이 四柱日柱에 있으면 打殺및 맞어죽는다. 이런 四柱를 가진 사람은 忍耐性이 絕對必要하다. 또한 女子四柱에 있으면 질투심과 生活力이 强하며 강성살이 있는 四柱가 天干이 合이되던지 地支가 合이되면 剛星殺은 作用力을 상실하게 된다. 가령 庚辰日의 出生者인 四柱가 年柱에 酉가 있으면 辰酉合이 되고 月干에 乙이 있으면 庚合이 되는 四柱이다. 四柱內에 어느 곳에 있더라도 八字中에서 日柱天干과 日柱地支와 干合地合이 되는 것을 말한다.

(22) 災殺橫看法

이살은 甲子年生이면서 生月이 五月이면 孤厄殺을 가지고 있으며 또는 赤狼殺 小狼殺을 가지고 있는 四柱이다. 圖表에서 찾아보고 해설에서 運命을 논했다.

災殺橫看表

年＼月	甲	乙	丙	丁	戊	己	庚
孤厄	五月	四	四	七	六	十	十
寡宿	四月	十	四	四	十	一	七
火厄	九月	十二	十二	十二	三	三	七
赤狼	五月	十二	十二	五	五	十二	二
八敗	六月	十二	六	六	三	九	九
天狼	九月	十二	九	十二	六	十二	六
小狼	五月	三	七	七	병신 五	十二	一
破家	一月	六	六	二	二	十	五
三刑	二月	八	七	十	九	十二	十二
六合	八月	五	七	十	九	十二	十二
大耗	十月	一	九	八	十	七	四
四關	一月	三	四	五	六	六	八

※ 災殺看解說

甲年年이 五月에 出生하였으면 孤厄살을 가지고 있는데 孤厄殺을 가진 사람은 柱在孤厄하니 고액풍파며 東西奔走하거나 他鄕之客이 된다는 운명이 된다.

辛	壬	癸
十	一	十
七	一	一
六	六	九
八	二	二, 九
三	三	六
六	六	六
八	六	十
十	一	十二
三	一	五、一
三	二	六
四	三	五
九	十	十二

※ 孤厄殺(고액살)

柱在孤厄　東西奔走　男則喪妻　離鄕則吉
孤厄風波　他鄕之客　女則喪夫　喪敗頻頻
獨宿空房
枯梅逢春

※ 寡宿殺(과숙살)

青龍世業　廣大天地　平生之事　殺在寡宿
漂浪如雲　一身無依　獨宿無依　獨宿空房

中年當根
自手成家

※ 火厄殺(화액살)

火厄喪敗　東西奔走　四方有殺　大敗之中
災厄頻父　食小事煩　一身安過　術業得名
因宿之餘
敗數何言

※ 赤狼殺(적랑살)

內基不利　千里關山　莫近酒色　胃貧如載
敗財何言　獨自跋踄　損財落名　離故他鄉
狼星本凶
精厄制殺

※ 八敗殺(팔패살)

小年時節　古基不利　初年風事　遠近他鄉
感敗何事　離鄉八字　有頭無尾　肺疾可畏
若不然則

※ 一身浪敗

※ 天狼殺(천랑살)

驚風吊問 若不然則 若非長涉 莫入沈山
落淚之厄 官厄愼之 疾病可畏 病患可畏
天狼本凶
數而奈何

※ 小狼殺(소랑살)

男則喪妻 情人相別 雁行失席 產業自陳
女則喪夫 哀情不忌 各飛分散 子孫貧寒
祖業如烟
喪敗頻頻

※ 破家殺(파가살)

幸配世業 古基不利 東家西宿 知我自强
散如浮雲 離鄉爲吉 一身奔走 功名浮雲
賣酒店村
到處生涯

※ 三刑殺(삼형살)

柱臨三刑　長沙之行　若不然則　自足有父
獄門難免　一時困難　喪妻剋子　何剋此數
雖有自厄
衣食自足

※ 六合殺(육합살)

冲破無吉
末年運命
百年偕老　衰則何言　損財頻頻　或富或貴
夫婦之間　旺則要妻　若臨刑冲　中年當限

※ 大耗殺(대모살)

長沙一行　秋來孤客　救象之人　論其刑宮
身在千里　豈不傷心　離鄕之格　生離死別
積功然後
不事如意

※ 四關殺(사관살)

```
                                    118
```

寺門法階 柱臨四關 長念祈禱
必是念佛 孤獨之人 可免此數 若非山緣
至誠祈禱 佛前祀禱
末年一子

以上은 災殺의 해설이며 男女同一하게 본다。

(23) 六親凶殺看法

凶殺＼年生	寅	午	戌	申	子	辰	亥	卯	未	巳	酉	丑	
八敗	十二	六	二	九	六	三	十二	六	三	九	九		男은多妻 女는花柳
飛天殺	五	十	一	二	三	十	十二	五	三	一	一		男女間病身
重婚殺	六	五	十二	四	八	三	七	十一	九	一	五		結婚累次厄
穿胎殺	四	二	六	四	二	六	八	七	五	三	七	五	三	不胎厄 異腹者有
産兒殺	十一	十二	六	四	八	十二	七	十二	三	一	五	九	多産厄死

凶殺解說

寅年生이면서 自己生月이 十二月 出生者면 八敗殺있는데 寅生으로서 여기에 自己生月이 없

(24) 災殺(六親殺)

는 者는 六親凶殺이 없는 者다.

寅午戌生	申子辰生	亥卯未生	巳酉丑生	六親殺解說
五月	十一月	二月	八月	三妻
九月	三月	六月	十二月	晚子格
七月	一月	四月	十月	兩妻나 離別
八月	二月	五月	十一月	夫婦死別
六月	十二月	三月	九月	兩妻나 無子
四月	十月	一月	七月	兩妻나 無子
三月	九月	十二月	六月	兩妻 不合
二月	八月	十一月	五月	夫婦不合
一月	七月	十月	四月	夫婦不合
十二月	六月	九月	三月	夫婦不合

十一月	五月	妻生離別
十月	四月	
	七月	八月
	一月	二月 兩妻和合

※ 災殺(六親殺) 解說

가령 寅年이나 午年生 戌年에 出生한 사람이 生月이 五月이면 三妻되며 九月에 出生한者는 晚子格으로 늦게 아들을 生男하게 되며 七月에 出生했으면 兩妻나 또는 本妻와 離別하는 四柱이다. 이상은 여기에 준한다.

※ 六親殺의 해소 또는 예방은 여기에 준한다. 그런데 松鶴秘傳에서 (符作篇) 보면 各種殺을 소멸시키는 부작이 있다. 이부작을 사용하면 큰 惡運이 小惡運으로 변화된다. 필자의 경험으로 본 것이다.

(25) 맞는직업

男女共히 四柱中 日辰地支가 子日일때 生時가 子時면 農業이나 미곡상이 吉하다고 본다. 다음 도표를 보아. 직업을 간단히 보는 것이니 참고하라.

丑時에 낳으면 農業이나 미곡상이 吉하며 丑日生이

121

子日生 (時)	丑日生	寅日生	卯日生	辰日生	巳日生	午日生	未日生
子時	丑〃	寅〃	卯〃	辰〃	巳〃	午〃	未〃
丑時	寅〃	卯〃	辰〃	巳〃	午〃	未〃	申〃
寅時	卯〃	辰〃	巳〃	午〃	未〃	申〃	酉〃
卯時	辰〃	巳〃	午〃	未〃	申〃	酉〃	戌〃
辰時	巳〃	午〃	未〃	申〃	酉〃	戌〃	亥〃
巳時	午〃	未〃	申〃	酉〃	戌〃	亥〃	子〃
午時	未〃	申〃	酉〃	戌〃	亥〃	子〃	丑〃
未時	申〃	酉〃	戌〃	亥〃	子〃	丑〃	寅〃
申時	酉〃	戌〃	亥〃	子〃	丑〃	寅〃	卯〃
酉時	戌〃	亥〃	子〃	丑〃	寅〃	卯〃	辰〃
戌時	亥〃	子〃	丑〃	寅〃	卯〃	辰〃	巳〃
亥時	子〃	丑〃	寅〃	卯〃	辰〃	巳〃	午〃
解說	農業、穀商	風流、哲學、藝術	官職、公職	鐵工業、工事請負業	魚商、푸주간	布木商、製品業午	僧侶、哲學

申日生
申〃
酉〃
戌〃
亥〃
子〃
丑〃
寅〃
卯〃
辰〃
巳〃
午〃
未〃
酒業、食堂、여관업

(26) 文昌星

日干	甲	乙	丙	丁	戊	己	庚	辛	壬	癸
文昌星	巳	午	申	酉	申	酉	亥	子	寅	卯

申〃酉〃戌〃亥〃子〃丑〃寅〃卯〃辰〃巳〃午〃未〃	藥業、침술、병원
酉〃戌〃亥〃子〃丑〃寅〃卯〃辰〃巳〃午〃未〃申〃	卜術、易學士
戌〃亥〃子〃丑〃寅〃卯〃辰〃巳〃午〃未〃申〃酉〃	貿易、都賣業
亥〃子〃丑〃寅〃卯〃辰〃巳〃午〃未〃申〃酉〃戌〃	口乞、音樂

四柱 日天干이 甲일때 四柱中 地支에 巳가 있으면 文昌星이 있는 것이다. 四柱內 이星이 있으면 四柱內에 凶星을 吉하게 해준다.

※ 이 文昌星이 들어 있는 사람은 총명 多藝하고 글씨 잘쓰며 詩를 잘짓고 읊으며 文章家가 됨

凶星이란 十二運星中 쇠, 병, 사, 장等을 말한다.

다. 이星이 冲되거나 合又는 空亡이 되면 그 作用을 하지 못한다.

(27) 男女 共히 短命殺

正月生이 巳日出生하면 短命하다
二月生이 子日出生하면 短命하다
三月生이 丑日出生하면 短命하다
四月生이 寅日出生하면 短命하다
五月生이 卯日出生하면 短命하다
六月生이 辰日出生하면 短命하다
七月生이 亥日出生하면 短命하다
八月生이 戌日出生하면 短命하다
九月生이 酉日出生하면 短命하다
十月生이 申日出生하면 短命하다
十一月生이 未日出生하면 短命하다
十二月生이 午日出生하면 短命하다

四柱學이란 음과 양 각종 五行과 높고 낮은것 많고 적은것 넓고 좁은것 등등을 종합판단하여서 결실을 얻어 해석하는 것이다. 간단히 短命하다고는 말할수 없다. 그러나 필자가 경험한 것을 그대로 기술한 것이다.

(28) 長命한 四柱 男女共히 같다

正月生이 亥日出生하면 長壽한다
二月生이 戌日出生하면 長壽한다
三月生이 酉日出生하면 長壽한다
四月生이 申日出生하면 長壽한다
五月生이 未日出生하면 長壽한다
六月生이 午日出生하면 長壽한다
七月生이 巳日出生하면 長壽한다
八月生이 辰日出生하면 長壽한다
九月生이 卯日出生하면 長壽한다
十月生이 寅日出生하면 長壽한다
十一月生이 丑日出生하면 長壽한다
十二月生이 子日出生하면 長壽한다

人命은 在天인데 어찌 長壽를 찾으리오 하는 學者도 많이 보았으나 易術이 哲學이니 하는 運命의 硏究學 學說은 무궁무진한 것이 사실이다. 學者는 本書를 갖이고 연구를 깊이한다면 꿈과 같은 경지에서 황홀감에 도취될 것이고 人生一代의 吉凶禍福을 초상화들여다 보듯이 알게 될것이다.

(29) 短命四柱殺法

生月數에다 四柱日辰으로 본다.

正月 七月生이 巳日、亥日出生者는 短命
二月 八月生이 辰日、戌日出生者는 短命
三月 九月生이 卯日、酉日出生者는 短命
四月 十月生이 寅日、申日出生者는 短命
五月 十一月生이 丑日、未日出生者는 短命
六月 十二月生이 子日、午日出生者는 短命

또는

一、二、三月 酉戌辰時 出生者는 短命
四、五、六月 丑卯子時 出生者는 短命

※ 短命殺이 있으면 六十歲以前을 말한다. 그러나 日이나 時에 生 旺 等 十二運星의 吉星이 있으면 면한다.

七、八、九月 寅午未時 出生者는 短命
十、十一、十二月 亥申巳時 出生者는 短命

(30) 三災殺(三災入出法)

巳酉丑年生 亥年入 丑年出
申子辰年生 寅年入 辰年出
寅午戌年生 申年入 戌年出
亥卯未年生 巳年入 未年出

※ 三災解說

三災란 水災 火災 風災의 惡運을 當한다는 것이며, 이 三災는 十年마다 들어왔다 三年間머물다 나가는 惡運인데 四柱大運法에서 大運드는해 三災가 드는 사람은 福三災로 간주하며 大運法은 後編으로 나오며 年外에 드는 三災는 惡運이 된다.

가령 寅年生이면 申年에 入三災요. 酉年은 묵三災요 戌年은 나가는 出三災라 稱한다. 또는 亥生이나 卯年生 未年生이라면(男女同一함) 巳가되는 해에 三災가 듭니다. 巳年에 드는 三災

午年은 묶는 三災未年은 나가는 三災라고 한다。三災는 立春날 들며 冬至날 나가는것이며 三災를 예방할려면 松鶴비전에 볼것。

(31) 子孫 兄弟數見法

四柱 生日天干으로 地支를 시켜 十二운성을 보는데 日干과 時만 상대시켜 時에 나오는 胞胎法에서 子孫을 본다。

가령、四柱가 甲日生일때 時가 寅時라면 冠이붙어있으니 即 冠은 三子라고 되여있다。(胞胎法은 前編에서 보라)

※ 子女數解說

胞는 一子、胎는 女子뿐、養은 三子、生은 四子나 반감、浴은 二子、或은 딸많다、帶는 三子、冠은 三子、旺은 五子、或은 七子、衰는 二子、病은 獨子、死는 無子、葬은 無子、或은 外房子一 有한다。

兄弟運도 同一하게 上記 數解說에서 보는데 人員數가 꼭들어맞추기란 매우 어려운 것이다。數十年前이라면 잉태와 거의 同一하게 出産시켰지만 近來에 와서는 落胎를 시키는 실정이므로 數字의 正確은 될수가 없다。그러나 一과 二의 數는 틀려도 원 바탕까지 틀려 돌아가는 것은 아닐 것이다。

第十四章 流年判斷法

(1) 六親位置

ㄱ、四柱年에 天干 地支는 平生運을 가리키며 生長 및 上位人을 말함.

ㄴ、四柱月에 干支는 成年後(四○歲 부터 六○歲까지)를 말하며 兄弟 姉妹및 親舊를 말함.

ㄷ、四柱日에 干支를 靑年時代를 가리키며 二○歲부터 四○歲까지를 말하고 또는 妻와 我의 一身上을 가리킴.

ㄹ、四柱時에 天干地支를 幼年을 가리키며(二○歲前)財運 健康 子女 및 下人 관계로 본다.

(2) 十二支殺

年生\月	月
巳酉丑年	
寅月	劫殺
卯月	災殺
辰月	天殺
巳月	地殺
午月	年殺
未月	月殺
申月	亡神
酉月	將星
戌月	攀鞍
亥月	驛馬
子月	六害
丑月	華蓋

申子辰年	亥卯未年	寅午戌年
巳月	申月	亥月
午月	酉月	子月
未月	戌月	丑月
申月	亥月	寅月
酉月	子月	卯月
戌月	丑月	辰月
亥月	寅月	巳月
子月	卯月	午月
丑月	辰月	未月
寅月	巳月	申月
卯月	午月	酉月
辰月	未月	戌月

見法

巳年이나 酉年生、丑年生의 사람이 出生月이 寅月이 되면 劫殺이 되며 四柱이며 卯月에 出生하면 災殺이되고 辰月에 出生하면 天殺이된다.

또는 申年生이 辰月에 出生하면 萃蓋殺이 되며 子年生이 卯月出生하면 六害殺이되며 辰年生이 寅月에 出生하면 驛馬殺이 된다.

앞에 殺이 年에 있을 때와 月에 있을때 또는 日이나 時에 있을때 作用力이 다르다.

劫殺과 災殺、天殺、年殺、月殺、亡神殺攀鞍、驛馬、六害殺은 四柱年柱에는 해당하지 않으며, 他、萃盖殺、地殺等은 年에도 殺이 붙는다.

가령、午年生이 午月에 出生한者는 年에 將星이되고 月將星도 된다.

○ 月劫殺 = 早別父母하고 兄弟 이별하며, 不然이면 타향으로 일직나간다. 성격은 불과 같아서

初年에는 풍파많고 자주 이사하다 보니 되는일 없다. 自手로 成功하여 末年에는 太平하다.

○ 日劫殺=男女間에 風波가 많으며 父母德없고 부모이별하며 故鄕과 인연도 없는 운이다. 每年 生日에 讀經하면 吉하다.

○ 時劫殺=처궁및 자손궁에 악운이 있으니 칠성에 기도하면 吉하며 초년은 풍파많고 고독하여 흉하나 末年은 성공하여 출세도 한다.

○ 月災殺=父母德없으며 중될팔자며 여자는 巫女되기쉽다. 四柱에 驛馬殺이 있으면 巫女확실하며 몸에 흉터있고 不然이면 도적에게 크게한번 놀랄것이다.

○ 日災殺=초년에 질병이 많고 부부상별아니면 官厄을 한번당하며 子息운세도 불길하니 山神에게 기도하라.

○ 時災殺=財產복은 있으나 風波가 많으며 항상 고단하다. 人生一帶에 人禍이 없으니 한탄이 많도다.

○ 月天殺=항상 心臟病肝臟病을 주위하라. 초년은 가난하고 중년부터 재산복이 많으며 부부간에 한번 이별수 있다. 十九歲, 二十七歲에 큰병으로 고생하리라.

○ 日天殺=명생에 인덕없으며 자주 구설이 있도다. 早失片親할 운이며 末年은 성공하리라.

○ 時天殺=유복자가 될 **팔자이며** 자손덕없으나 수명은 장수하며 재복은 말년에 있다.

○ 月地殺＝母先亡의 命이며 초년에 질병이 많이 있고 養母를 볼것이고 中年이후는 富命이다.

○ 日地殺＝문학에 열심하며 재주가 있고 재산과 수명등 좋은 命이다 부부이별은 면하기 어렵다 농업을 하는 者는 부부이별 없다.

○ 時地殺＝재산복은 있으며 귀인도 있는 명이다 元嗔殺이 四柱內에 있으면 五十歲이내 단명하며 四柱內 年殺이 있으면 眼病患者이다.

○ 月年殺＝성격은 급하나 뒤가 없이 春雪과 같으며 衣食自足하나 兄弟有厄하며 父母德無하고 自手成家의 운세이다. 四柱內에 沐浴殺과 같이 있으면 재산 쇠약하고 부부간 離別한다.

○ 日年殺＝子孫은 많으나 養育에 힘이 들고 재산은 많지만 酒色으로 항상 손해 있으니 注意하지 않으면 가난을 면하기 어렵고 夫婦生離別한다.

○ 時年殺＝農業을 하는 者는 富貴겸비되나 以外 他職業을 하는 者는 風波 多有하며 四柱內에 桃花殺有하면 酒色으로 風流를 겪는다.

○ 月月殺＝十九歲 二十三歲에 大身厄無則 父母 離別하고 몸이 산을 의지하니 중룔 八字며 전심전력으로 노력하는 者 以外는 각종 풍파를 면하기 어렵도다＝

○ 日月殺＝故鄕을 떠나서 자수 성공하고 연애 결혼한 후 妻子와 이별하게 되고 不然이면 喪妻한다 男子는 중을 좋아하며 여자는 무당을 좋아하니 神子의 八字이다.

○ 時月殺＝農業이나 商業에 종사아니면 중될 八字이며 父母, 兄弟, 子孫까지 德이 없으니 末年에는 風病까지 않게 되니 少年時節에 健康을 玉과 같이 하라.

○ 月亡身殺＝타고난 성품이 急한 性格이나 忍耐하라 不然이면 獄中 難免하고 四柱內에 月柱에 있으면 反對로 貴人이 되며 三刑殺이 四柱內에 있으면 必히 귀양갈 팔자이다

○ 日亡身＝타향사리 고달프다 누구에게 원망하랴 結婚 일찍하면 이별까지 하게 되며 三十歲以後 결혼하면 四歲以下나 以上者와 結婚하라 末年에 無厄하리라

○ 時亡身＝早出他鄕하여서 自立成功하는 운세이며 有姜 八字이다 子孫數는 많으나 移身 子息無하니 北斗七星任에게 기도하면 大吉하다.

○ 月將星＝心氣가 善人이며 文學으로 成功하여 과거할 운명이고 軍警等에 入門하면 權勢로 萬里를 희롱한다. 兄弟 德은 없으며 末年은 孤獨하다.

○ 日將星＝文藝通達하며 大官의 八字이며 妻德있고 子女德도 있으며 名振四海할 八字이다.

○ 時將星＝初年에 登科하여 平生을 幸福하게 살것이고 文武가 兼備된 운명이다. 統率力이 强하다.

○ 月攀鞍＝性格이 溫順하고 착실하며 누구에게나 尊敬을 받을 것이다. 若非官祿이면 必히 平生 職業에 風流가 많을 것이며 기술 方面도 吉하다 月에 冠帶가 있으면 官祿으로 大成功한다.

○ 日攀鞍=사람이 어질고 貴人의 형상이며 大成功하는 八字이다, 四柱內에 天乙 貴人이 있으면 少年登科하며 貴人이 없으면 末年에 벼슬하리라.

○ 時攀鞍=富와 豪의 운명이며 四柱內에 驛馬와 華盖가 있으면 文章 富貴하며 四十歲와 五十歲의 中間에는 한번 大厄을 만나리라, 四柱內에 月柱衰가 있으면 不吉한 四柱이다.

○ 月帶驛馬하여 性格이 順厚하며 君子의 格이다 子孫宮은 서로 別居할 八字이나 德은 末年에 있으며 官公職을 得하지 못하면 職業面에서 고생이 많다.

○ 日驛馬=부부간에 풍파가 많으며 이별의 運勢이며 平生 職業은 官職이 大吉인데 不然이면 四海八方에 돌아다니는 운명이니라.

○ 時驛馬=성격은 온후한것 같으나 마음이 바쁘고 어디에 자리를 잡지못하고 불안하게 生活하는 운이다. 四柱 日柱下에 生이나 官, 帶, 祿이 있으면 高官의 八字로 변한다.

○ 月六害=性格은 急하고 毒하며 百事 不利하고 早別父母後 早出 他鄕한다. 外富 內貧格으로 孤獨하게 삶에 努力하고 子孫도 死別 또는 離別하게 되는 운명이다.

○ 日六害=人德이 없고 財福도 弱하니 四○內에 孤嗔殺이 있으면 乞食의 八字되며 不然이면 佛子의 運命이다.

○ 時六害=수입도 없는 일에 바쁘기만한 운명이다 兄弟는 없는 八字이다(있어도 해여졌음) 成敗가 많으며 家産이 여러번 파산되였다가 다시 모여지는 굴곡이 많은 운명이다.

○ 月華盖＝早年은 風派多有하나 自手 成功하며 兄弟間 不和하고, 子息 無德하며 職業은 藝術이나 商業이 大吉하고 中年은 富命이고 末年은 寒士로다.

○ 日華盖＝총명하고 재주가 있으며 文學에 發達하여 官祿으로 成功할 八字이다. 不然이면 商業 八字인데 四柱內 沐浴殺이 있으면 喪夫喪妻하며 華盖가 四柱內에 또 있으면 惡名을 남기리라.

○ 時華盖＝時에 든 華盖殺은 文學家의 運命이다. 文學家되며 驛馬殺이 四柱內에 있으면 富者 된다. 四柱內에 羊刃殺과 彙해 있으면 총명하나 佛前에 기도하면 必生 貴子된다.

第十五章 間略運解

十二支四柱解(太歲) 初年運(一名 당사주라고도 한다) 十二星은 子는 貴星丑은 厄星, 寅은 權星卯는 破星, 辰은 奸星, 巳는 文星, 午는 福星, 未는 驛星, 申은 孤星, 酉는 害星, 戌은 才星, 亥는 壽星이라 한다.

가령, 甲子年生이나, 丙子年生, 庚子年生等은 年에 貴星이 되는데 天一字를 加하여서 年天貴星이라고 하고 評은 初年의 運氣로 본다. 丙申年 出生者나 庚申年 出生者라면 年天孤星이 된다.

他地도 同一하게 觀하라.

例 甲午年 五月 八日 子時生이라면

年 甲午　上記와 같이 되는데 午年生이니 年天福星이다. 다음 說明에 福星의 해설을
月 庚午　보면 된다.
日 乙未
時 丙子

(1) 年柱星 解說

天貴星(子年生)
年에 貴星이 들었으니 少年時節에 영화가 있으며, 父母運은 初年에 凶이나, 너무 한탄마라. 그러지 않으면 몸에 병이 많다. 총명하고 지혜가 많아 한번 들으면 천가지나 깨달으며 먼저는 곤하고 후에는 태평하여 명진사해 하리라.

天厄星(丑年生)
故鄕을 일찍 떠나서 初年의 고생은 자연이 많으나 어찌할수 있겠는가? 가정에 재산이 많으면 早失父母 할것이며 初年風事는 有頭無尾이다.

天權星(寅年生)

初年에 二母가 아니면 양자 갈 팔자이며 성격은 淸活하니 사람이 스스로 따르며 돈 쓰기를 물갈이하니 平生 貴德의 八字이다.

天敗星(卯年生)

초년에 하는 일은 머리만 있고 꼬리가 없으며 신병도 많이 있으며 혹은 四海八方을 여행 많이 하리라.

天奸星(辰年生)

꾀가 많으며 官公職으로 성공하며 많은 사람에게 귀엽게 믿음을 받으며 祿在四方이다.

天文星(巳年生)

早年에 글공부로 이름 얻을 운이며 不然이면 一身有悲다. 용모 단정하고 대장부다운 기질이 있어서 많은 사람의 두령격이지만 學問을 딱지 못하면 妻와 離別하고 風波 많을 것이다.

天福星(午年生)

초년에는 他人의 도움으로 每事가 뜻과 같으며 十七歲, 十八歲에 男女교제가 시작하고 二十九歲, 二十八歲는 결혼하고 혹은 素服입을 운도 있다.

天驛星(未年生)
초년에는 분주히 객지를 돌아다니며 各處에서 이름을 날리게 되며 평생동안 東西南北을 周遊하며 財產 多蓄한다.

天孤星(申年生)
초년에 兄弟間 分離하고 身厄이 없으면 早失父母한다. 不然이면 孤厄之人이다.

天刃星(酉年生) (天害星이라고도 한다)
초년에 身上에 흠이 생기고 身病도 많고 흉하다. 그러나 佛子로 命을 連結하면 된다.

天才星(戌年生)
自手成家의 八字이며 친구를 좋아하며 마음이 어질고 急性을 주의하라 未申年은 횡액을 주의하라.

天壽星(亥年生)

百年동안 바쁘고 항상 衣食이 自足하도다. 兄弟間에 獨身이 아니면 平生 風波 多有하며 마음은 착하고 固直性格이다. 十人耕之에 一人食之 하도다.

(2) 月柱星 解說

例 甲午年 五月 八日 子時生 이라면 年은 午生이니 午天福이 된다. 生月이 五月生은 午가 첫번째로 시작해서 未가 두번째, 申이 세번째, 酉가 네번째이고 戌은 다섯번째가 된다. 즉, 生月이 五月이니 다섯번째가 月星이지만 六月이라면 여섯번째 亥가 될것이다 月星 戌이면 月運은 天才星이 되며 中年運이라고 본다.

月天貴星

초년은 풍파가 많으며 自手成家하여 財産을 많이 쌓는다. 그러나 女色을 주의하지 않으면 損財 多며 四十二歲 四十三歲는 千金을 갖으리라.

月天厄星

自手成家의 八字이며 三十歲以前 身病이 없으면 身上有欠이 되며 父母의 德이 없고 或 早失父

母도 한다.

天權星, 명진사해하며 成功大吉하다.

月天敗星
성격이 쾌활하며 先敗後吉 成하고 兄弟無德하며 老來 小有孤獨하다.

月天干星
中年多厄하고 官厄이 한번 있으며 不然이면 父母中 死別하여 성격은 급하여 불과 같으나 봄눈 녹듯이 쉽게 풀어지며 지혜롭고 총명하나 일직 工夫를 中斷하면 平生 風波하다.

月天文星
문학으로 성공하는 八字인데 學業을 中斷한 사람은 惡名이 크게 난다. 四十以後는 大吉한 사람이다.

月天福星
財産이 많은 富者의 八字이다. 그러나 妻宮이 不吉하고 或 疾病은 종종 있으나 官門에 出入하니 貴人의 운명이다.

月天驛星

헛되이 바쁘고 한가히 세월만 보내며 되는일 없이 재산만 탕진된다. 여러번 풍파를 만난 以後에 八字는 영화있으나 官厄을 항상 주의하라.

月天孤星

兄弟間에 分離할 八字이며 中年에 風霜이 많으며 육친및 人間德無하여 一身이 고단하고 이사 변화 자주 있어 헛된 세월 많이 지낸다.

月天害星

少年 敗家하여 風波를 겪으며 手足에 欠이 없으면 여러번 重病을 앓는다. 性格은 불같이 급하나 금방 풀어지니 연한 참배와 같다 급하게 모든 일을 처리하다 보니 머리는 있고 꼬리가 없도다.

月天才星

초년에 人心을 얻어서 사람들에 칭찬을 받으니 성공은 눈앞에 있도다 수단과 재주가 투출하니 못하는 일 없고 재주가 있으니 예술계에 진출하면 安過平生 하도다.

月天壽星

東西南北으로 바쁘게 돌아다니며 一身이 고단하다 二十歲以後는 운이 열리고 三十歲以後는 막히도다. 庶母 있을 八字이다.

(3) 日柱星 解說

例 甲午年 五月 八日 子時生이라면

年　甲午　　天福星
月　庚午　　天才星
日　乙未　　天文星
時　丙子　　天文星

午年生이니 天福이며 午에서 (生月 五月이니) 다섯번째 午、未、申、酉、戌 하여 戌이 다섯번째되여 月天才이고, 戌에서 生日이 八日이니 戌이 첫번째 亥가 두번째 子가 세번째、丑이 네번째、寅이 다섯번째、卯가 여섯번째、辰이 일곱번째 巳가 여덟번째 이므로 生日은 巳天文星이 되며 時子丑寅卯도 그대로 巳에서 계산하는데 巳字있는 곳에서 子부터 시작되니 子時이므로 時도 天文星 日文星이 되는데 未分의 運을 본다.

日天貴星

四十前에는 夫婦운이 不吉하나 以後는 吉하고 財產도 多畜하며 비록 고집은 있으나, 마음은 곧고 입은 유쾌하며 商業에 종사하면 富貴切名하고 萬人 仰視한다.

日天厄星

中年 身病있고, 或은 官厄도 있으며 官公 職場에 있게 되면 喜事重重하며 吉하나 若非傷妻면 無子可生 한다.

日天權星

四十以後는 權道가 크며 名振四海하나 兄弟間에는 無德하며 財產風波 있다.

日天敗星

自手成家 되였다가 다시 失敗하고 風流의 運命이 되며 末年은 평탄하나 恒上外華內虛格이고 多有疾病하고 人間無德하다.

日天干星

日天文星

早失父母하며 自立 成功하는데 피가 많은 인물로 비상한 각오를 겸비하여 어떤 일이라도 무난히 해결해 나가는 사람이다.

출세하는 子息 有하고 官公職에 出入하며 若不登科면 妻宮 不利하며 父先亡 하는 수 있다.

日天福星

성격이 명랑하며 깨끗하여 남에게 존경을 받으며 妻德이 있고 친우에 德이 있어 貴人의 協助를 많이 받으며 平生에 財産 근심 없다.

日天驛星

商業하면 大吉하며 앉아서 하는 직업은 맞지 않다. 平生에 이사 자주 다니고 고향도 일찍 떠난다. 末年에 夫婦間 이별하며 不然이면 財産 風波 多하다.

日天孤星

兄弟間 孤獨하고 외로운 운명으로 어느 누구와도 타협할 사람 없는 몸이다. 四十歲後는 子孫의

德으로 孤獨을 면하고 평탄하게 산다.

日天刃星
手足에 傷處를 받아 흉터가 생기며 초년은 곤고하고 末年은 평탄하나 남을 믿다가 財産에 손실을 보며 우연히 실패를 하고 한탄하리라.

日天才星
四十歲以後에 타고난 재주로 하는 일이 성공되고 재산도 많으나, 자손과 인연이 없어 홀로 산중으로 들어가서 혹은 중이 되는 수도 있다.

日天壽星
末年은 獨守空房 하기 쉬우며 근심걱정 많고 슬픔이 많은 운인데 마음가짐을 고르게 가지면 末年에 風波 없으리라.

(4) 時柱星 解說(晩年의 운 六十歲以後를 말한다)

時天貴星

晩年에 영화되고 초년에 풍파있으니 八字中 上八字다。衣食은 平生 富貴하고 子孫의 영화 무궁무진하다。

時天厄星
자주 신병이 있고 子孫의 德이 없어 子孫의 근심이 많고, 子孫中 나보다 먼저 죽으니 하늘이 캄캄하도다。

時天權星
權勢가 四方에 있으니 이름이 널리 알려졌으며 平生의 운명은 많은 부하를 거느리며 타고난 壽命도 八十歲를 살리라。

時天敗星
一生中 吉運은 晩年이다。子孫도 成功하고 德도 있다。머리는 白髮이 되어 꿈과 같은 현실이다

時天干星
중분을 한탄마라。末年이후는 영화 많도다。말과 꾀로 재산을 모으니 商業이나 부로카 등이 大

吉이다.

時天文星
平生 末年의 注意는 火災를 주의하고 妻는 앞에 가니 북만산천 그립고나. 그러나 따라가니 너무 근심말아라.

時天福星
末年 富貴는 千金을 희롱하며 子孫이 昌盛하니 더이상 무엇을 바랄 것인가. 白髮春風에 官祿利身이다.

時天驛星
六親 德 없어서 自手成家 하였는데 재산을 계산하니 얼마인지 모른다. 곳곳에 흩어져 있으니 모이기 힘들고, 그러나 後世에는 富貴榮華 하리라.

時天孤星
晩年에 孤獨하니 눈물만 나는구나 그러나, 한탄마라 佛前에 德이 있으니 一身은 편안하리라.

時天刃星

一時 求乞의 運命이다. 一有困厄이나 한탄마라. 그렇지 않으면 몸에 질병이 있어 불구되기 쉽다.

時天才星

身上에 欠이 生기지 않으면 왼쪽 팔다리를 쓰지 못하니, 중풍환자 되리라. 젊어서 몸 아끼기를 옥과 같이 아껴라.

時天壽星

百年을 한가히 산다. 衣食豊富하고 萬事 如意하며 壽命도 八十歲以上 살며, 열사람이 농사진 것을 혼자 먹고 사는 八字이다.

第十六章 日干五行과 月節의 喜忌

一 甲乙 日生의 喜忌

(1) 甲乙日 正月生

初春 寅月의 木性은 發盛하는 時期이니, 春木은 아직 건강하지 못하고, 寒氣도 가시지 않으니 火가 와서 木性을 溫暖하는 것이 좋다. 元來 木은, 土에 의지하여, 生育培養 되지마는 土가 많은 것은 좋지 아니하다. 土가 많으면 木은 反剋을 받기 때문이다. 木은 土를 剋하는 것이나, 土가 많으면 오히려 木을 害한다. 그 이유는, 初春의 木은 發芽時期이니, 만일 土가 太過하면, 土에게 압박을 받아, 根은 손상되고 發展의 能力을 잃게 된다. 甲乙木日이, 土를 보면 財星이 되는데, 財多則 勢力을 分散하여 피로하므로 그것이 發展力을 沮害하는 것이다. 木日生으로 比肩이 많이 있을 때는 金으로, 比肩을 制하여야 되지마는 金이 너무 많은 것은 좋지 못하다. 寅月木은, 性質이 어리므로 火가 없고 水만 二, 三個 있을 때는 더욱 寒氣를 도와 發芽를 정지시킨다.

(2) 甲乙日 二月生

卯月은 추운듯 하나 춥지 않고 熱氣는 大端치 않으며 木性은 단단한 것을 바라는바 漸次發育成長하여 조금씩 견고하게 되므로 水와 火는 나란히 있어야 한다. 그러나 너무 많은 것은 좋아하지 않는다. 물은 뿌리를 滋養하고 火熱은 生育을 돕는다. 萬若 火가 强한데 다시 火運을 만나면 나무는 말라 버린다. 木의 성질은 다른 것과 다른 점이 있다.

(3) 甲乙日 三月生

辰月은 陽의 氣運이 重疊되어 木은 水分을 希望한다. 만일 水가 없고 火가 많을 경우에는 건조하는 것이 지나쳐서 잎이 마를 염려가 있다. 木의 形體, 形狀은 화려한것 같으나 화려하지 못하다. 辰卯의 兩月은 土의 財星을 좋아한다.

(4) 甲乙日 四月生

夏木은 性質이 아직 견고하므로 休囚는 되지 않는다. 다만 太陽의 熱氣가 점차적으로 더하여 水를 희망하고 물이 있으면 枝葉은 마르지 않는다. 木은 土에 依支하여 滋養되나 土가 있고 水가 없으면 앞으로 滋養을 바랄 수 없다.

(5) 甲乙日 五月生

五月의 木은 한참 때를 만나서 大林을 이루고 盛長한다. 夏木은 茂盛하여 꽃을 피우나 結實까지 되는 時期가 아니므로 虛榮으로 본다. 食神傷官의 泄氣를 두려워 하지는 않으나 火氣가 많을 때는 土는 불에 타게 되고 木은 잎이 시들어지므로 水와 土의 調和가 있음을 좋아한다.

(6) 甲乙日 六月生

六月은 金의 氣運을 앞으로 맞이하게 되고 金은 점차 有力해진다. 未月은 아직 夏節의 時期인 故로 前月과 같은 水土를 必要로 하므로 喜神忌神은 五月의 경우와 같다.

(7) 甲乙日 七月生

初秋의 殘暑가 아직 바꾸어 지지 않은 때이다. 七月의 木氣는 乾燥해지므로 水의 印星을 좋아한다. 七月中에는 水와 土를 必要로 하고 初秋의 木은 水와 土와의 相剋이 되나 이들 雨氣에 逢하지 않으면 木氣는 生氣를 얻을 수 없기 때문에 印星이라 하더라도 財星을 두려워 하지 아니한다. 酉月(八月)에 가까워지면 火氣를 좋아한다.

(8) 甲乙日 八月生

仲秋의 木은 枝葉根乾이 시들기 시작하고 만물이 고개를 떨어뜨리는 時間인데 酉金은 木을 極히 벌을 주고 있다. 즉 水의 印星은 金의 殺을 生化하고 一轉하여 日干을 出助한다. 天地寒冷한 때에 水勢가 많으면 陰氣가 많아져서 木은 生氣를 잃는데 火가 와서 日干을 溫暖하게 하면 비록 寒節이라해도 能히 生扶를 가지게 된다. 特히 火는 金을 除하고 財星을 生하며 兩得의 효과를 갖이게 된다.

(9) 甲乙日 九月生

秋節이 다 지나가는 九月에 나무는 落葉이 질려고하는 時期이므로 陰氣는 加重되고 水를 두려워한다. 冬氣에 가까워지므로 水를 보면 寒氣를 加한다. 草木은 枝葉이시드나 모든 나무에 血氣는 뿌리로 나려오므로 火의 따뜻한 것과 土의 保護를 必要로 한다. 또한 土가 많을 때는 比劫을 만나도 두려워하지 않는다. 다만 金과 水를 싫어하며 寒氣가 오는 것을 두려워하는 것이다.

(10) 甲乙日 十月生

冬節에는 寒木이 되여 모든 나무에 수분이 뿌리에 **내려가** 나무는 힘이 없으며 오직 있다는 것은 精華만 뿌리에 의지하고 봄이 올때만 기다린다. 그러므로 水를 싫어하고 土를 좋아한다.

(11) 甲乙日 十一月生

十一月은 冬節中에 中冬節이므로 寒冷으로 물을 얼게 되어 木性이 損傷되기 쉬우므로 土가 와야 좋아진다. 흙을 덮어 뿌리를 보호하기 때문에 뿌리는 木氣인故로 金은 必要없다. 만일 火가 있어서 木을 덮게하면 木은 더운 氣를 받어 凍結할 염려가 없어진다.

(12) 甲乙日 十二月生

十二月은 寒氣가 極甚하여 世上은 모두 陰氣로 쌓였으므로 水를 싫어하고 火를 願하는데 土는 水를 剋하므로 要緊하다. 甲乙日 丑月은 火와 土를 가장 좋아한다.

二, 丙丁日生의 喜忌

(1) 丙丁日 正月生

正月初春의 火는 아즉 旺하지 않으므로 比肩 劫財의 火를 보면 그 빛을 돕는다. 火가 많으면 火로 망하고 木火가 많으면 水를 원한다. 金의 財가 있을 경우 많으면 도리어 四

柱를 弱體化하고 印星을 損傷한다.

(2) 丙丁日 二月生

二月은 太陽의 熱氣가 若干 높아지므로 木氣가 많은 것은 좋지않다. 木이 많을 때는 金 土가 있어야 좋으며 比肩劫財가 있어도 害롭지는 않으며 水가 적당히 있으면 水火旣濟가 되여 좋다.

(3) 丙丁日 三月生

三月은 따뜻한 태양이 盛한 때이다. 그러므로 木火를 必要하지 않는다. 木은 火를 돕는 印綬가 되고 火는 日干이 五行과 같은 比肩劫財에 해당한다. 그러므로 陽氣를 增加시키는 木火를 除하기 爲하여 第一먼저 水를 希望한다. 그러므로 財産을 싫어하고 관살을 좋아한다.

(4) 丙丁日 四月生

四月은 初夏 火勢의 때인고로 月氣의 命을 얻어 身旺하다. 만일 木火가 많으면 旺하여 分數를 넘는다. 土가 많을 때는 火의 힘을 흐리게하고 적당한 水를 보면 水火旣濟의 好命이 된다. 身强한 四柱가 日干을 훼하는 殺이 弱할때는 金의 財星이 이것을 돕고 火를 制하면 좋다.

(5) 丙丁日 五月生

五月(午)은 夏節의 中間으로 火力이 旺盛한 時期이므로 過熱時期이므로 水를 願하고 다음을 旺神을 泄氣하는 土를 좋아한다. 水의 官殺이 있으면 水를 돕는 金財를 要求한다. 夏令의 水는 증발되어 弱하므로 强烈한 火力에는 剋을 시키기가 어렵다. 弱한 水가 旺한 火를 剋하면 旺神은 大怒하여 運命은 기울게 된다.

例 年 土 水   上記 四柱는 日干火와 全體가 猛烈한 火의 四柱이다 土하나가 있어서 火의
　 月 火 火   힘을 泄氣시키지만 水 하나가 많은 火를 剋시킬 수 없는 쇠약한 水로 힘이
　 日 火 火   너무 弱하다. 그러므로 도리여 害를 보는 水가 되여서 散財의 命이 된다.
　 時 火 火   金水運이 돌아와 水를 도와주기만 기다릴뿐 다른 해설이 될 수 없다.

(6) 丙丁日 六月生

六月은 가을을 맞이하는 時이다. 特히 六月은 未土이다. 土는 만물이 育成을 맡아 主管한다. 그러므로 土는 成育期이므로 중요한 것이니 사람에게도 不可缺의 중요한 것이나 夏火氣는 水를 만나서 水가 調和시켜야 좋아지는 것이다.

例 年 木 火   이 四柱는 土月(六月) 더운때의 時期가 고비를 넘고 앞으로 찬가을 만나

(7) 丙丁日 七月生

七月은 申月이다. 申月은 初秋로 火氣는 漸漸 衰弱하여 性質과 自體가 모두 休息하는 時期가 되여서 萬物은 衰弱해진다. 그러나 七月은 (秋孟月) 火熱이 아직 衰하지 않아 水를 좋아한다. 水는 火를 훤시키고 보이지 않게 木을 돕는다. 金의 財星이 오는 것을 두려워한다. 金財星은 印綬를 파괴하기 때문이다.

例 年 土木
　月 水金
　日 火土
　時 木土

四柱中에서 申月金은 남은 더위가 아직 있는 달이다. 年과 時에 木木은 日干火를 도와서 日干의 勢力은 强하다. 그리고 三土의 食傷은 財를 돕는다. 그러므로 財福이 많은 四柱이다.

(8) 丙丁日 八月生

八月은 淸凉한 時期로 水는 進氣가 되는데 水가 많음을 싫어한다. 反對로 火가 오면 吉이 된다.

月 金土
日 火水
時 金木

려는 직전이다. 그러나 木火가 있어서 日火를 도와주니 왕성하다. 日支에 水는 弱한것 같으나 月時의 金이 生하여주니 水에 힘도 强하여저서 水火가 비슷하다고 보므로 中和된 四柱이다. 그러므로 四柱는 吉命이다.

(9) 丙丁日 九月生

九月은 戌土月이다 九月의 火氣는 빛을 잃어 버리고 추워지고 있으니 火가 土를 도와주어야 하고 반면에 木이 火를 生扶하여야 한다.

例 이 사주는 土月火는 그 빛이 弱할때로 弱하다. 더욱이 土가 六個나 되니 火의 힘이 泄氣가 너무 되였다. 四柱內에 木火의 喜神이 없으니 木火運 오기만 기달려야 된다. 木火運을 만나면 吉하다. 그러나 여기에서 여러분이 꼭 명심할 것은 木은 日干火를 生하고 많은 土를 小極의으로나마 휀을 시켜서 大吉하지마는 火運은 日干火은 도와주며 또한 많은 土를 도와주니 土에 힘이 强해지니 不吉할수 있으니 火運은 凶으로 보시라 이것이 바라는 비법이며 여러분에게 특히 알려드리는 비법인 것이다.

例
年 金 土
月 土 土
日 火 土
時 土 土

例
年 土 土
月 金 金
日 金 金
時 金 水

이 사주는 八月 金月生이다. 八月은 겨울이 가까와지는 때인고로 火의 힘은 弱해진다. 더욱이 四柱內에 四金이 있어 財用神이 日干 火의 힘을 약화시키고 弱하게 만들기 때문에 木 印綬가 日干을 도와야 한다. 그러므로 木火의 運을 좋아한다.

木을 만나면 水의 빛을 더 强하게 하나 木火가 너무 많은 것은 좋지 않다.

(10) 丙丁日 十月生

十月은 亥月이다. 亥月은 水氣가 旺한 時期이며 日干火는 衰退하고 敵이 되는 官殺水가 권세를 잡는 때에 出生하였다. 四柱中에 水가 많으면 火는 빛을 잃고 만다. 이럴때는 土가 四柱內에 있어서 水를 制하여야 된다. 比肩이 와서 도와주고 木이 와서 慈生하여야 좋다. 다시 말해서 中和가 되여야 길해진다.

例 年 木 木 이 사주는 水 하나뿐이고 모두가 木火뿐이다. 火의 힘이 너무 많어서 用神
    月 水 水 이 의지 못한다. 水가用神인데 힘이 없는 용신이니(사령관)이 사주가 좋을
    日 火 木 수 있겠는가?
    時 水 火

(11) 丙丁日 十一月生

十一月은 子月이다. 水의 세력이 많은 때이다. 火日의 기운은 衰退해지는데 再次 水運을 만나 좋지 않다. 만약 四柱에 水가 많으면 土의 制를 받어야 한다. 木火가 있어서 水를 도와주면 좋다.

例 年 水 木 이 사주는 때가 水旺節인데 日干火가 弱하지 않을 수 없다. 더욱이 水가 두
    月 水 水 개가 더 있으니 水가 원수이다. 그러므로 身弱 四柱이다. 다행히 木이 두개

(12) 丙丁日 十二月生

十二月은 寒氣가 最高의 時期이다. 火는 너무 힘이 없을 때이고 바라는 것은 木火를 만났으면 하고 기다리는 것이다. 그러므로 金의 財를 싫어한다. 金은 水를 生하며 寒氣를 助長하고 木의 印綬를 剋破하기 때문이다.

例 年火土 이 사주는 추운 十二月 土月에 火日은 火熱이 弱할 때이다. 더욱이 月時에
月水土 金과 水가 있어서 寒氣를 助長하여 日干은 弱할때로 弱하다. 多幸히 年干火
日火土 가 있어서 日柱를 돕는다. 月水는 火火中間에서 火를 剋하나 三개의 土는
時金木 能히 水를 制하므로 火는 日干을 도울수 있다. 時支木도 日干을 生하니 一
擧兩得의 作用을 한다. 喜神은 木운이 吉이다.

日火土 있어서 도움을 받고 있으나 원채 물탕에 떠 있는 火가 되니 그래도 弱하므
時金木 로 木火運을 만나면 吉운이 되며 木運이 되면 水에 힘도 빼고 日干도 도와
주니 大吉하다.

三, 戊己日의 喜忌

(1) 戊己日의 正月生

正月의 寒木寅月은 寒氣가 가시지 않고 戊己의 土는 얼어서 生氣가 없다. 木의 官殺은 비록 이 弱하기는 하나 봄에는 木의 왕성시대이므로 四柱에 水가 있으면 寒氣가 增加되여 官殺인 木을 도와서 日干인 土를 剋시킨다. 火를 만나면 吉하고 金은 殺을 制하므로 吉하다고 보나 日土의 힘을 빨아먹으니 凶이 된다.

例 年 水木   四柱 日土가 春木에 出生하였다. 二個의 水는 官殺을 도우며 官殺인 木은
　 月 水木   弱한 日土를 剋시킨다. 그러나 火運을 만나면 많은 木을 泄氣시키면서 日土
　 日 土木   를 生하여주니 吉하고 水木 운이 凶하다.
　 時 金土

(2) 戊己日 二月生

仲春 二月이라고는 하나 寒氣는 아직 남아 있다. 正月과 비슷하다. 그러므로 火氣로써 日干 土를 보호하면 陰氣는 사라지고 土가 喜神을 만나서 吉하게되니 火가 吉한 것이다.

(3) 戊己日 三月生

例　年　土
　　月　土
　　日　土
　　時　木

四柱中 日土가 月支木에 剋은 되지만 二月의 節이므로 따뜻한 봄철이다. 그러므로 앞으로 寒氣는 물러가고 吉하다고 볼 수 있다. 그러나 剋해오는 것은 두려워한다. 많은 土中에서 剋해오는 木이 三個나 있어서 싸움이 벌어지고 있다. 그러므로 火運이 오면 吉하고 水木을 싫어한다.

例　年　火
　　月　水
　　日　土
　　時　水

三月은 辰月이며 火土가 旺盛하게되고 金水는 점차 弱해진다. 그러나 火土의 生이 많으면 金을 만나 旺한 것을 泄氣하고 水로서 火를 制하면 된다. 모든 것은 泄氣, 剋 生의 調節을 主로 하여 合理的으로 연구하면 四柱八字 해석은 간단하다.

例　年　火
　　月　水
　　日　土
　　時　金

이 四柱는 土日 土月의 生으로 土는 司令을 얻어 旺하다. 年火時土가 日干을 生하여주니 신강 四柱이며 火土운을 만나면 더 강해지고 木金운을 만나면 平이 된다.

(4) 戊己日 四月生

四月은 火月이다. 日土를 直接 生해주는 것이 月火이다. 그런데 四柱內에 火가 많다면 水가 있어서 火를 힘이 弱하도록 만들어야 된다. 또한 金은 水를 生하는 원천이 되고 財産의 근이 되므로 身旺四柱이라면 金水를 좋아한다.

例 年 土土   이 사주는 日干 土가 月火旺節에 出生하였다. 그런데 全體가 日干 土를 生扶
    月 土火   하여준다. 그러므로 强旺格이다. 旺神을 泄氣하는 金運을 좋아하고 **從强格**
    日 土土   이니 從强을 만드는 火土운을 좋아한다.
    時 土火

(5) 戊己日 五月生

五月은 火旺의 때이다. 火土를 보면 거듭 旺盛해지고 分數를 넘게되니 水를 願하고 吉神이 되며 身旺이 度를 넘으면 金水木 五行이 喜神이 된다.

例 年 火水   이 사주는 土日 火旺節의 四柱이다. 時柱 二木은 日干을 剋하고 三火는 木
    月 火火   를 태워버리면서 五行을 生해준다. 너무 火가 旺盛할 때는 寒物을 찾는 것
    日 土金   이 원칙이니 金水가 있으므로 四柱가 中和되였다. 그러므로 金水운을 만나
    時 木木   면 吉하고 木火를 만나면 旺한 火를 生하니 凶이 된다.

(6) 戊己日 六月生

五月은 未土이다. 土日 七月에 出生하였으니 旺한 때인데 더욱이 더운 火氣가 있을때이니 日干 土를 生해주는 것이 크다. 그러나 金을 보면 旺한 土를 泄하여 잘 調和된다.

例 年 火 土   이 四柱는 土가 五個나 되고 火도 二個 있어서 전체를 旺盛하게 되었다. 그
　 月 火 土   러므로 從强格이다. 從强格에는 剋하는 것을 두려워하고 生이나 泄하는 것
　 日 土 土   을 좋아한다. 火金吉
　 時 土 土

(7) 戊己日 七月生

初秋 七月은 申月이다. 더위가 조금 남아 있을 때인데 四柱에 火土가 있으면 水를 必要로 한다 또한 木의 剋도 두렵게 생각 않으며 金도 싫어한다.

例 年 木 土   이 四柱는 暑氣가 아직 盛한 때이므로 土는 泄氣가 弱하게 된다. 特히 比劫
　 月 水 金   이 많아서 土가 완전히 四柱를 장악하고 있다. 그러므로 水로 조절하면 만
　 日 土 土   물을 育成할수 있다. 年干木은 日干을 剋해 오며 두개의 水는 木을 도우
　 時 水 土   많은 土를 木이 剋하여서 中和를 시키니 富貴의 八字이다.

(8) 戊己日 八月生

八月은 酉月이다. 八月은 더위가 내려가고 만물의 사기를 죽이는 故로 점점 弱勢가 된다. 火土의 生이나 比劫을 좋아한다.

例 年 水 金   이 四柱는 金이 旺盛하여 泄氣가 되나 多幸이도 時火가 生하여 주므로 힘이
　　月 金 金   强해지고 火가 金을 剋을 주니 이것이 바라는 중요한 비결이 된다. 그러므
　　日 土 土   로 火土운이 吉하다.
　　時 火 火

(9) 戊己日 九月生

九月은 土月이며 늦은 가을이다. 天地는 寒氣가 습격해오는 때이므로 土는 추워질때이다. 그러나 같은 比劫은 生해준다. 그러므로 火土가 吉운이 된다.

例 年 水 木   이 四柱는 추워지기 시작하는 때인 故로 土는 더체로 衰弱하다. 月金時木 等
　　月 金 土   에 의하여 더 힘이 弱해지나 火가 있어서 日干을 돕는다. 即 傷官을 制하고
　　日 土 木   官殺을 生하므로 富貴의 四柱가 된다.
　　時 火 木

(10) 戊己日 十月生

十月은 子水月이며 寒氣 많이 드는 時期이므로 土가 弱하여지므로 따뜻한 火氣가 있어야 한다. 金水木 等은 剋泄이 되기 때문에 싫어하나 火만 있으면 大害는 되지 않는다.

例 年 火 土   土日 水月生이므로 日土가 弱하다. 火가 두개 있어서 日干을 도우므로 신강
　　月 水 水   四柱이다. 너무 많은 土는 分數를 모르니 分數만 지키면 一生을 꾸탄하게
　　日 土 木   산다.
　　時 土 火

(11) 戊己日 十一月生

十一月은 子水月이다. 또한 仲多節이다. 戊己土가 休囚에 逢하는 故로 木의 剋 水의 寒氣 金의 泄氣를 싫어하며 火의 暖氣를 願한다. 火를 만나면 吉命이 된다.

例 年 水 水   이 四柱는 水가 많다. 土日이 물에 떠서 추워 견디기 힘이 든다. 그러므로
　　月 木 水   같은 比劫이나 火를 희망하고 있다. 그러나 水旺四柱는 貴吉하지 못하므로
　　日 土 金   平生 苦生할 八字이다.
　　時 水 水

(12) 戊己日 十二月生

十二月은 丑月土이다. 戊己 土日은 比劫을 만나서 도움을 받으나 寒氣가 極盛하여 土는 凍結하고 日干은 弱하다. 火가 있으면 吉하며 金水를 싫어하며 冬月의 土는 一律的으로 土를 喜神으로 잡으라.

例 年 土 水　土日로 身强四柱이다. 十二月의 土가 되어 얼어붙은 土이므로 生氣가 없는
　月 木 土　데 火가 있어서 도움을 받으므로 運路에 火를 만나면 吉運이 된다.
　日 土 水
　時 火 木

四、庚辛日의 喜忌

(1) 庚辛日 正月生

初春 一月에 出生한 金은 너무 추운때이므로 弱하다. 正月은 金寒水冷 이되므로 火의 도움이 必要하다.

例 年 金 土　이 四柱는 正月木이 아직 얼어 있으므로 金性은 寒冷을 두려워한다. 그러므
　月 金 木　로 火가 必要한데 火가 있으니 中和되어서 吉命이 된다.
　日 金 土
　時 火 金

(2) 庚辛日 二月生

二月은 木月이다. 木은 앞으로 三, 四月의 따뜻한 기운이 오는 것을 알고 있다. 그러나 日은 金이니 月支와는 剋이 된다. 그러나 土火金이 多하여 從强四柱이다. 從强四柱는 比劫運이 吉하다

例
年 土 木 이 四柱는 二月木인지라 木氣는 大旺한데 日金을 도와 주지는 못한다. 그러
月 火 木 므로 火土가 있어서 日金을 生하니 四柱는 吉하고 火土運이 吉하다.
日 金 士
時 木 火

(3) 庚辛日 三月生

三月은 陽氣가 盛해지고 金의 氣운은 衰해지는데 火는 日干의 剋이 된다. 만일 財가 있다면 辰月의 도움을 받아 木財는 旺財가 되지마는 我身이 弱하기 때문에 財產에 臨할 수 없다. 要는 日干이 때에 맞지않아 衰金이된 까닭이다. 그런고로 印星을 가장 좋아하며 印星이 있으면 官殺을 印星에 生化시킨다.

例
年 土 水 이 四柱는 金日 土月인데 陽氣가 强하고 金의 힘이 弱하다. 月日時의 官殺
月 火 土 은 日干을 剋하는 害物이나 年時의 水는 殺을 制하고 또 한편으로는 月干을

(4) 庚辛日 四月生

四月은 火가 旺해지고 庚辛에서 火를 보면 官殺이 된다. 官殺은 때를 얻어 勢力이 强大해지며 全體는 弱해진다. 金이 많으면 火의 剋을 좋아하지만 火力이 强하면 弱金은 녹아 없어지게 되므로 不吉하게 된다.

例
年 水 火
月 木 火
日 金 土
時 土 木

이 四柱는 日金을 녹이는 火가 두개 있으며 火를 生하는 木이 있어 官殺은 旺하다. 月時에 木이 火를 生하며 火는 日金을 剋하니 官殺이 되는 火는 더욱 旺하다. 그러므로 더욱 弱體가 된다. 그러나 여기 土가 二個 있어서 四柱를 中和를 주었으니 土運을 만나면 吉하다.

(5) 庚辛日 五月生

五月 金日은 火月을 만났으니 더욱 衰해진다. 火의 官殺은 日干을 호령을 하고 있어 日干이 死境에 되었으니 土金이 와서 도움을 주워야 된다. 土金이 吉이다.

例 年 金水 火月出生한 金이 旺한 火에 녹고 있는 격이다. 그런데 金土가 있어서 日金

(6) 庚辛日 六月生

時 木 火
日 金 土
月 木 火

을 도와주고 水가 있어서 火를 剋시키고 衰金을 泄하나 火가 직접 당하므로 중화가 되여 富貴의 四柱이다.

六月은 炎天이 계속되는 때이므로 金性은 衰하여 힘이 없다. 그러므로 第一 길한 것은 印星 第二는 比劫운이 吉하다. 金氣가 많을때는 水를 갖어야 된다.

例 年 土 木
月 土 土
日 金 木
時 火 土

이 四柱는 더운때의 金日이다. 그러므로 熱이 있는 中 土多하여 身强四柱가 되였다. 그러므로 富貴의 四柱이다.

(7) 庚辛日 七月生

七月은 火氣의 餘勢가 强하므로 火의 官殺은 아직 弱하지 않다. 火氣가 많을 때에는 水가 있어야 된다. 水는 金의 剛氣를 泄하고 또는 火를 制하며 財星木의 根이 된다. 申月 金性은 마치 中年과 같은때이므로 血氣가 盛하니 官殺을 보더라도 身强하니 對峙의 勢를 갖안다.

例　年　水土
　　月　土金
　　日　金土
　　時　土水

이 四柱는 火가 없다. 그러므로 더운 것을 希望하나 金運을 만나면 吉하다.

(8) 庚辛日 八月生

金日 酉月은 旺節을 얻어 金體는 더욱 强해지므로 比肩劫財 印綬를 嫌惡한다. 水로써 旺한 金을 泄하고 火로서 金을 剋하여 四柱强弱을 정돈하고 木財로서 火의 殺을 도우므로 水木火를 逢하면 吉하다.

例　年　土土
　　月　金金
　　日　土木
　　時　土土

이 四柱는 比劫 印星으로 구조되여 日干은 旺盛하다. 그런데 木이 하나 있어서 印星을 剋하고 있으니 木을 도우는 木運을 만나면 吉하다.

(9) 庚辛日 九月生

日金은 月戌土를 만나서 身强이 된다고 하나 晩秋가 되여 水를 願하지 않고 木火를 좋아한다.

要는 日干의 五行을 氣候에 配定하여 喜忌를 定하는 것이 合法的이다.

例 年 木 水   이 四柱는 晚秋土月에 金을 얻은 金日生이다. 그러므로 신강 四柱이다.
　 月 火 土
　 日 金 土
　 時 火 金   生동안 우환 없이 살 八字이다.

(10) 庚辛日 十月生

十月은 冬月이다. 金의 性格은 體와 性이 모두 寒冷해져서 日干은 弱勢가 된다. 만약 水를 보개 되면 陰氣가 重疊되어 寒氣는 늘고 弱性은 金氣를 泄하게 되니 金은 더욱 弱해진다. 土를 逢하면 堤防의 役割을 하여 水의 源泉을 制한다. 따라서 土는 日干을 돕는 重要物이 되고 寒冷한 金에는 火가 있어서 溫暖한 것이 좋다.

例 年 木 水   이 四柱는 水月에 金은 寒氣를 더욱 加重한다. 그러나 年木은 火를 도와주
　 月 火 水
　 日 金 土   어서 火가 또다시 土를 生하여 주고 土가 金을 生하나 幸運의 命格이 된다.
　 時 金 土

(11) 庚辛日 十一月生

十一月은 寒多한 時期로 金을 괴롭히니 또다시 만나는 水를 싫어하고 火를 요구한다.

例 이 四柱는 金水傷官格으로 刑과 質이 모두 寒冷하다. 金은 水를 도와서 寒氣가 더하다. 多幸히 年日의 火 二개는 寒氣를 暖和하여 富貴의 命이 된다. 다만 地支에 刑冲이 없어야 한다.

年 火土
月 金水
日 金火
時 土木

(12) 庚辛日 十二月生

十二月은 印綬가 되는 多節이다. 金性은 冷하여 氣力은 적으나 生해주니 吉하고 火를 만나도 吉하다.

例 이 四柱는 寒冷한 土月生이다 그러나 生해 오는 五行이 三個나 있으며 時火가 있어서 吉하다. 그러나 火運을 만나면 吉하다.

年 金木
月 土土
日 金水
時 水火

五、壬癸日의 喜忌

(1) 壬癸日 正月生

正月은 初春 寒氣가 남어있다. 그러므로 金을 보면 不吉하다. 四柱中에 水가 많을 때는 土가 있어서 制하여야 된다. 만약 金水가 많을 때는 水는 金의 生으로 인해서 強하게되며 金이 많으면 旺火가 있어서 金을 制去하고 他面으로 土를 生하게 하면 一擧兩用이 된다. 따라서 正月生은 火土木의 五行을 좋아한다.

例 年 木 火
月 火 木
日 水 木
時 土 金

이 四柱는 水日木月이며 三木의 食傷이 되고 日干의 힘을 빨어먹으니 木을 制하는 金이 있어야 하는데 金이 있으니 吉해졌다. 火는 土를 生하고 土는 金을 生하여 食神의 太過를 制한다. 五行이 週流하여 調和가 좋게된 四柱이다

(2) 壬癸日 二月生

二月은 陽氣의 時節이다. 水를 흡수하는 고로 水日이 허약하여지므로 比劫운을 만나면 吉하고 印星을 좋아한다. 그러니 너무 많은 것은 원하지 않고 比律이 同等하여야 한다.

例　年　木　水　　이 四柱는 木月에 水日이므로 水가 허약해지는 때이다. 그러나 金이 있어서
　　月　土　木　　水日을 生하여 주고 土가 金을 生하여주니 平탄하다고 본다. 그러므로 調和
　　日　水　金　　가 되여 富貴한 四柱이다. 金水운이 吉하다.
　　時　火　土

(3) 壬癸日 三月生

三月은 陽氣過重하여 水姓은 점차 衰해지므로 比肩 印綬等의 生助를 좋아한다. 四柱內에 水火
가 많으면 金水를 특히 좋아하는데 金水가 旺勢하면 土가 있어야 調和가 된다.

例　年　木　火　　水日 土月生으로 剋을 받는 故로 日水가 弱하다. 然中에 火가 官殺을 두우
　　月　土　土　　고 金은 日干을 生하나 春節의 金은 力量이 不足하므로 身弱殺格이 된다.
　　日　水　火　　吉운은 木運 金運이 오면 吉하다.
　　時　金　土

(4) 壬癸日 四月生

四月은 熱氣가 漸加하여서 水는 마를 우려가 있다. 그러므로 比劫이 있음을 좋아한다. 또는 財
星이 있더라도 比劫이 吉하고 土가 있으면 印綬를 만나야 한다. 殺은 印에 化하여 日干을 돕는다

例
年 木 火
月 木 火
日 水 金
時 火 火

이 四柱는 水日 火月에 出生하였다. 그러나 火가 너무 많다. 더욱이 木이 있어서 火를 도와주니 火氣 重天한다. 水한개가 어떻게 할 것인가 財多身弱하면 財로 인해서 몸이 고달푸게 된다. 比劫運이 돌아와야 길하다.

(5) 壬癸日 五月生

五月은 溫火의 月이다. 火性이 天地를 支配하는 時期인 故로 草木이 枯渴하기 쉬우므로 水의 도움이 必要하다. 土가 四柱에 있다면 印綬가 있어야 된다.

例
年 土 木
月 土 火
日 水 土
時 金 水

日干水는 힘에 弱하다. 많은 土가 훼하고 있다. 그러나 金水가 있어서 억지로 이겨나가는데 金水運만 만나면 大吉해 진다.

(6) 壬癸日 六月生

六月은 暑大하고 過熱한 時期이다. 旺盛한 절기에 水이니 힘이 弱하다. 印星운을 만나면 吉하고 木은 日干을 泄氣시키니 싫어한다. 元來 偏官七殺은 制하는 것보다 印에 化하는 것이 좋다. 化

한다는 것은 印의 德에 化한다는 것으로 王道로 삼고 制한다는 것은 몸을 傷하게 하는 것으로 覇道로 삼는다. 그러므로 印綬는 다른 方面에 有效하게 되는 것이다.

例 年 金水 日水와 같은 比劫이 三個나 있어서 많으나 月令土에 상대시키면 剋을 당한
    月 水土 다. 그러나 印星等도 있고 하여 四柱는 身强 四柱가 되엿다. 四柱에 官殺을
    日 水木 도우는 것이 없다. 외로운 관살을 도우는 운이 돌아오면 吉하다. 그러므로
    時 金水 土運이 吉하다.

(7) 壬癸日 七月生

七月은 金月이 되여 日水를 生하니 旺하다. 四柱에 木火를 많이 볼때는 土가 있어서 金으로 日을 生하면 吉하다.

例 年 木火 七月은 한참 더웠다가 남은 더위가 있는 때이다. 그러므로 比劫을 좋아한다
    月 水金 金水가 겹치여 있으니 日干은 生氣가 盛하고 年干 大의 傷官이 日의 火의
    日 水火 財에 根이 되여 身强財强의 四柱이다.
    時 水土

(8) 壬癸日 八月生

八月은 仲秋時이다。月金이 日水를 生하는 四柱인데 그러므로 土를 보게되면 좋아진다。印綬格이므로 財를 싫어하는데 偏印格이면 오히려 財를 좋아한다。月은 母요 日干은 子로 본다。

例年 火木   八月金이 日水를 生해준다。子는 母의 生을 받고 生時에 印星 있어서 官殺
 月 土金   이 되는 土를 泄氣시킨다。 그러므로 吉命이 되는데 冲破가 되지 않아야 된
 日 水土   다。
 時 金土

(9) 壬癸日 九月生

九月은 가을이 지나는 時點이다。 그러므로 水에 힘이 弱할 때인데 金운을 만나면 길해지며 木을 만나면 土가 必要하고 金水가 많을 때에는 火土가 必要하다。土가 많을 때에는 木의 制가 있어야 한다。 喜忌는 正五行의 理法에 依하여 臨機應變으로 決定하는데 이 原則은 어느 四柱 鑑評하는데도 적용한다。

例年 火火   水를 도우는 金은 하나뿐인데 水를 剋하는 土는 四個나 있으며 土를 도우는
 月 土土   火가 두개나 있다。그러므로 身弱운이며 많은 土를 泄氣시키고 日水를 生해
 日 水土   주는 金運을 만나야 吉해진다。
 時 土金

(10) 壬癸日 十月生

十月은 水이다. 水月에 水日이니 比劫운을 만나서 吉하나 점차적으로 水結하는 水이니 流動할 수 없게 되므로 火로서 寒氣를 풀어야 水의 힘이 생긴다. 土는 旺水를 制하기는 하나 過大하면 나쁘다. 火를 좋아함과 同時 木을 보는것도 좋은데 旺水는 木에 泄氣되고 木은 火에 財를 生하니 吉한 것이 된다.

例 年 金 土
　 月 火 水
　 日 水 木
　 時 水 木

日干水는 水月에 月令을 얻었으므로 旺하다. 또한 平時에 金水가 있어서 日干은 더욱 強하다. 年月에 土가 있어서 旺水를 調節하고 兩木은 旺水를 泄氣시킨다. 그러므로 印星이 吉하다.

(11) 壬癸日 十一月生

月支 水와 日干水를 만나 大旺하다. 性質은 寒冷하여 流通된다. 第一로 火를 求하여 寒氣를 풀어주고 第二로 木을 좋아 하는데 木은 旺神을 泄하고 火를 生助하기 때문이다.

例 年 金 木
　 月 土 水

月土水 年金木 水日 水月이므로 旺盛한데 年金 日金이 生하여서 더욱 旺盛해졌다. 多幸히 年木이 있어서 水를 泄氣시키며 時火를 生하여 주니 四柱가 大吉하여저

(12) 壬癸日 十二月生

日 水 金　서 一生을 富貴로 산다.
時 火 土

十二月은 寒氣가 旺盛한 時期이다. 水日은 水星이 强한 月令을 만났으나 氷水이니 流通을 못하니 必要없는 德이 되였다. 그러므로 土를 두려워하고 火를 좋아한다.

例 年 水 火　水日 冬月은 最强의 時期이다. 平時에 金水가 있어서 日干은 더 身强이 되였
　　月 木 木　다. 그런데 火가 있어서 暖하게 하므로 生氣가 換發하여 發達한다.
　　日 水 土
　　時 金 水

이상과 같은 說明으로 生日對 生月의 吉凶解說을 마치니 지금까지의 說明을 研究를 더욱 더 하시기 바랍니다. 끝으로 더 세밀히 연구에 도움이 되도록 하기 爲하여서 記述한다.

六、生日의 喜忌秘法

(1) 旺하여 强한 것은 「抑」하는 것을 좋아하고

(2) 衰하여 弱할 때는「扶」하는 것이 좋고

(3) 旺하여 官殺多有면「抑制」가 좋고

(4) 食傷이 多有時 (印星)을 좋아한다.

(5) 日干의 氣가 旺하고 剋漏가 많으면 他動으로 壓迫되어 氣를 펴지 못하므로 抑制剋漏의 神에 依하여 中和되어야 한다.

(6) 身强柱에 旺한 日干을 扶助할 때는 太過되는 故로 忌한다.

(7) 官殺이 많을 때는 食傷으로 制하는 것이 吉하고 印星을 漏泄시키는 것이 좋다.

(8) 食傷이 많을 때는 財星이 있어 食傷이 泄氣되어야 吉하다.

(9) 財가 많으면 日干勢를 나누어 身弱이 되므로 日干의 同氣가 되는 比劫이 있어 中和되어야 한다.

(10) 日干이 囚休하고 剋泄이 많을 때는 日干을 生扶하는 것이 吉하다.

(11) 日干이 弱하고 食傷多有時 印星이 있어야 食傷을 制壓하여 日干을 生扶하는 것이 吉하다.

(12) 日干의 勢가 弱하면 每事에 發展力이 弱하다.

(13) 日干의 强弱은 支를 重하게 干을 輕하게 본다.

支는 實力있고 干은 氣勢가 弱하므로 天干은 반드시 支에 根을 通하여야 한다. 이것을 有根 又는 通根한다고 부른다.

(⑭) 日干에서 支에 보아 生旺 冠일때는 根의 氣勢가 얻는 것이 되고 12운성이 弱한 것이 붙을 때는 根이 輕하고 또는 無根이라고 한다)

⑭ 天干에 比劫中 어느 一神을 만나는 것보다는 地支中에서 하나의 葬(12운성에서)을 만나는 것이 吉하다.

⑮ 天干에 있는 比劫의 二神보다 地支에 一位氣를 얻는것이 吉하다 (餘氣란=甲乙木의 餘氣는 辰, 丙丁火의 여기는 丑이다. 즉 氣候의 秀末에 해당하는 晩春 晩夏 晩秋 晩冬을 말한다)

⑯ 12운성中 生帶冠旺은 根이 있는 것이 되고 衰病死胞는 根이 없다고 하며 浴胎養葬은 勢가 미약하다.

第十七章 六神配合法(육신배합법)

(1) 人間順序에 六親이 있듯이 四柱五行에도 六親을 나타내는 六神이있다(암기법)

※ 比肩, 劫財＝兄弟運이다.

比肩＝日干과 五行이 同一하고 陰陽이 同一할 때.

劫財＝日干과 五行이 同一하나 陰陽이 다른 것.

※ 食神, 傷官＝子孫運이며,

食神＝五行日干이 生하는 것으로 陰陽이 同一한 것.

傷官＝五行日干이 生하는 것으로 陰陽이 다른 것.

※ 偏財, 正財＝妻와 財産運

偏財＝五行日干이 剋하고 陰陽이 同一한 것.

正財＝五行日干이 剋하고 陰陽이 다른 것.

※ 偏官, 正官＝官운과 鬼厄운

偏官=五行上 日干을 剋하는 것으로 陰陽이 同一한 것.

正官=五行上 日干을 剋하는 것으로 陰陽이 다른 것.

※ 偏印, 印綬는 父母운으로 칭해 보라.

偏印=五行上 日干을 生하는 것으로 陰陽이 同一한 것.

印綬=日干을 生하는 것으로 陰陽이 다른 것.

食神은 陽이고 傷官은 陰이라는 順序로 되여 있다.

첫째 比肩劫財 食神傷官 偏財正財 順序로 외운後 처음 읽는 比肩은 陽이며 다음 劫財는 陰이고

(2) 六神암기하지 못했을 때는 다음 도표를 보고서라도 六神을 표출 (찾어내는 것) 시켜보라.

가령, 一, 四柱—生日柱(天干地支가 있는 것을 말함)에 天干이 甲이라면 年天干에 甲이 붙으면 比肩이 年에 붙었고, (甲日柱 四柱에) 時에 天干이 癸가 있다면 甲과 癸는 印綬가 붙었다고 본다

地支에 六神찾는 法도 도표 地支난에서 甲日인데 寅月에 出生했다면 月地支에 比肩이 붙었다고 본다.

※日天干이 陰日일때

日干	상			대		자			
乙	乙	丙	丁	戊	己	庚	辛	壬	癸	甲
丁	丁	戊	己	庚	辛	壬	癸	甲	乙	丙
己	己	庚	辛	壬	癸	甲	乙	丙	丁	戊
辛	辛	壬	癸	甲	乙	丙	丁	戊	己	庚
癸	癸	甲	乙	丙	丁	戊	己	庚	辛	壬
陰干	比肩	傷官	食神	正財	偏財	正官	偏官	印綬	偏印	劫財
乙	卯	巳	午	辰戌	丑未	申	酉	亥	子	寅
丁	午	辰戌	丑未	申	酉	亥	子	寅	卯	巳
己	丑未	申	酉	亥	子	寅	卯	巳	午	辰戌
辛	酉	亥	子	寅	卯	巳	午	辰戌	丑未	申
癸	子	寅	卯	巳	午	辰戌	丑未	申	酉	亥

六神圖表

(2) 例一、

※日天干이 陽日일때

日干	상			대			자			
甲	甲	乙	丙	丁	戊	己	庚	辛	壬	癸
丙	丙	丁	戊	己	庚	辛	壬	癸	甲	乙
戊	戊	己	庚	辛	壬	癸	甲	乙	丙	丁
庚	庚	辛	壬	癸	甲	乙	丙	丁	戊	己
壬	壬	癸	甲	乙	丙	丁	戊	己	庚	辛
陽干	比肩	劫財	食神	傷官	偏財	正財	偏官	正官	偏印	印綬
甲	寅	卯	巳	午	辰戌	丑未	申	酉	亥	子
丙	巳	午	辰戌	丑未	申	酉	亥	子	寅	卯
戊	辰戌	丑未	申	酉	亥	子	寅	卯	巳	午
庚	申	酉	亥	子	寅	卯	巳	午	辰戌	丑未
壬	亥	子	寅	卯	巳	午	辰戌	丑未	申	酉

四柱 / 六神	年	月	日	時
四柱	甲子	乙丑	丙寅	丁卯
天星	偏印	印綬	我身	劫財
地星	正官	傷官	偏印	印綬

※ 日天干으로 六神 도표를 보라.

上記 六神圖表中에서 天干과 天干으로 나온 六神을 天星이라 하며 日天干과 地支를 상대하여 나온 六神을 地星이라 稱한다.

日天干과 他柱天干과 相對하는것과 日天干과 地支가 相對하는 法은 同一하게 六神을 찾어내지만 地支와 相對하는데 四個의 地支만은 陰陽이 反對되여서 六神이 나타난다. 子는 陽이라 稱하여서 보고 亥는 陰이지만 陽으로 본다. 午는 陽, 巳는 陰이지만 巳를 陽火로 보고 午를 陰火로 보라.

(4) 例二

年	月	日	時
戊辰	己巳	庚午	辛未
陽土	陰土	陽金	陰金
陽土	陽火	陰火	陰土
偏印	正印	我身	劫財
偏印	偏官	正官	正印

日天干이 庚金陽이다. 日天干陽金이 主人이 되여서 다른 七個의 五行과 상대하여서 六神을 표출시킨다. 日庚金과 時天干 辛金을보니 똑같은 金對金이므로 比肩아니면 劫財이다. 그런데 日은 陽이나 時干은 陰이므로 陰陽이 다르므로 劫財가 되였고 月 己土와 상대하니 (日干主人과) 印綬가 되였고 庚日金과 年戊土와 상대하니 偏印이되였다.

日干庚金과 時支 未土와 상대하여 도표를 보니 印綬에 해당되고 日支午火는 원래는 陽火이지만 六神표출시에는 陰陽을 反對로 하라했으니 正官이되고 月支 巳火는 偏官, 年 辰土와는 偏印이되였다 도표를 참고하면 何人이라도 간단하게 表出 시킬 수 있다.

※ 지금까지 四柱에 六神을 붙였으니 六神으로 해설하는 法을 연구하기로 하자.

※ 比肩, 劫財는 兄弟이지만 더 세밀히 六親이 부속되여 있으니 前 六神運과 아래 六神을 겸하여 암기하기 바란다.

比肩, 兄弟, 친구, 男便, 또는 妻로 보아도 된다.

劫財 異腹兄弟

食神＝男子에게는 친장인, 손자 再婚해온 丈母 식록으로 본다.
女子에게는 친子息, 孫子, 조카들을 意味하며,

傷官＝男子에게는 再婚해온 丈母, 損財, 身厄으로 본다.
女子에게는 배다른 子息을 말함.

偏財＝男子에게는 아버지와 妻이라 칭하고 女子에게는 아버지 및 재취해온 시어머니 孫子를 意味한다.

正財＝男子에게는 本妻
女子에게는 親시어머니

偏官＝男子에게는 親子息
女子에게는 正婚外 男片

正官＝男子에게는 배다른 子息

女子에게는 正夫 祖母도 意味

偏印＝男子에게는 계母 乳母 妻의 父母

女子에게는 어머니의 兄弟

印綬＝男子에게는 親어머니 丈母

女子에게는 어머니 四寸兄弟 孫子도 意味한다.

上記六神解說은 各 六親의 부서를 가리키는 것이며 必히 暗記하여야 한다. 다음 解說은 後面으로 시작하되 比肩이 年에 있으면 어떻하며 月, 日, 時에 붙으면 어떻하다는 式으로 簡便하게 하였다. 공통적으로 解釋하게 하였으니 많은 硏究를 바란다.

(4) 四柱內 年柱에 아래 六親이 있을때

比肩＝生年柱에 比肩이 有면 大槪 次男으로 出生했다.

劫財＝生年에 劫財가 有면 比肩과 同一弟妹로 出生한다. 祖上에 德이 적고 財産을 물려받어도 失財한다.

食神＝食神이 有면 양반 또는 富者家에 태여난 사람으로 破産도 無며 祖上德도 有함.

傷官＝傷官이 有면 正官의 貴를 깨트리고 大凶也 (早失父母나 財産敗多有)

偏財=偏財가 有하면 商家에 태여난 사람으로 大部分이 父親 또는 祖父는 養子의 運命이다. 命中에 比肩 劫財無면 裕福한집에 태생이며, 比肩劫財가 많으면 父母財産을 爭奪하려 다툼을 갖게된다.

正財=正財가 有하면 富家의 태생으로 父母의 德을 받는다. 比肩劫財 중첩되면 財産 爭鬪있든가 無면 後에 家運이 기운다.

偏官=偏官이 有하면 次男의 태생으로 冲剋이 겹치면 他鄕살이를 한다. 祖父의 德이 적고 祖上은 商人家에 胎生이다.

正官=正官이 有하면 血統이 바르고 名望家이다. 財産을 보면 富貴家의 胎生으로 傷官이 없으면 家名을 相續한다. 比肩과 겹치면 아우동생이 되는 命이나 家名을 相續한다.

偏印=偏印이 有하면 祖業繼承키 어렵고 他國에 나간다. 他柱에 偏印이 有하면 必히 片父 片母를 모시고 或은 養子살이를 할 八字이다. 凶神(偏印과 相剋되는 것)이 겹치면 祖上無德凶也

印綬=권세家의 胎生 富貴名望家이다. 以上은 吉凶을 판단 했는데 年支밑에 喜忌神에 依해 或은 空亡 또는 通變의 强弱으로 吉凶의 輕重等의 變化가 생긴다.

※ 年干과 日干이 剋하고 年支가 日支와 같이 剋이되면 短命하던가 그렇치 않으면 變死할 우려가 있다.

(5) 生月의 凶吉(生月은 運命의 中心體로 重要)

比肩＝比肩이 月에 有하면 兄弟의 자리에 있으므로 집에 兄弟가 있다하고 다시 他柱에 比, 劫이 중첩하면 他家相續을 하던가 生家를 떠나 生活한다. 生月에 比劫이 겹치고 다른 二干 三支中에 比劫이 많으면 또 偏印, 印綬有면 大飮酒家이다.

劫財＝比肩과 同一함.

食神＝食神이 月에 있고 身强四柱면 肥大하고 福力이 多며 偏印을 보면 食神이 衰해지므로 이와 反對로 凶하게 된다. 刑冲할時는 疾病이 걸리기 쉽다.

傷官＝傷官이 月에 有면 伯父 叔母, 兄弟가 온전치 못하다. 他柱에 傷官多면 貧困해지고 劫財 有면 貧家胎生이다. 傷官은 活動作用이 크다.

偏財＝偏財가 有면 兄弟家庭의 財로서 富家胎生이다. 月支의 偏財는 나의 財產이다. 故로 身旺하고 財가 强하면 富命이 되는데 他柱에 財星이 많으면 文成功한다. 比肩이 他柱에 많으면 爭財한다(群比爭財).

正財＝正財有면 食神 또는, 傷官이 있는데 身旺四柱면 富家胎生이던가 不然則 後日 富者가 된다.

(6) 四柱内 生日에 六神이 있을때

※ 日干은 내몸이고 地支는 配偶者로서 天干 地支를 相剋시키면 相對者가 凶하다.

生日의 天干은 活動의 基準이 되고 年月日時의 상태에 따라 吉凶을 가리킨다.

印綬=印綬가 月에 있고 破剋空刑이 되지 않으면 富家胎生이나 性情은 총명하고 志操는 굳으며 실천력과 見識이 높다.

偏印=偏印이 月에 一個 有하면 명탄하지만 他柱에 一、二個程度 더 있으면 父母가 온전치 않아 養子살이 할 격이며、晚年에 子孫을 剋하여 孤獨해진다.

正官=偏官과 同一함.

偏官=偏官이 月에 有하면 (偏官은 七殺이라고도 한다) 財力을 얻지 못한다. 달리 官殺이 많으면 生活에 苦生이 多며 또는 兄弟姉妹에 인연이 적다 偏官도 活動作用이 많다.

刑冲空亡이 없어야 하고 身弱四柱면 財多時 財禍가 있거나 不然則妻로 因해 禍財를 當한다.

比肩=比肩이 日에 有하면서 地支가 同一하면 配偶者를 剋劫財하고 背反한다. 即 比肩劫財 羊刃 等이 同一하다.

食神=食神이 日에 有하면 配偶者에 몸이 肥大하고 마음이 관후하여 衣食運이 吉하다. 만약、偏

傷官=傷官이 日에 有하고 財星이 他柱에 有면 妻妾이 아름답고 男女 共히 多辯才能이다. 그러나 印이 有면 配偶者에 몸이 자그만하고 호리호리하며 剋이 겹칠때는 虛弱 또는 短命하다.

偏財=偏財가 日에 有면 明快한 配偶者를 얻는다. 男子의 運命일 時는 他柱에 偏財正財 財産이 無며 比肩 劫財 有한 女子는 結婚하여 몇해안에 生死別하기 쉽다. 男子는 女子를 손상하고 先富後貧이 된다.

正財=正財가 日에 有면 正妻이고 他柱에서 生助하여 주면 연분이 되어 男女 和樂하다. 剋破가 三角關係가 생긴다. 또 女子는 他柱에 官殺 有면 (正官偏官等) 비밀의 情夫又는 夫婦關係 無하여야 自然 富해 진다.
에 변태성이 생긴다.

偏官=偏官이 日에 有면 性情이 早急하고 영리하나 夫婦關係가 곰이 간다. 萬一 冲이 붙으면 結婚後 疾病이 걸린다. 日偏官과 日干과 他柱干과 合이되는 것이 있으면 면한다. 諸合이 無면 男女 共히 변덕적 異性關係를 갖인다.

正官=正官이 日에 有면 그사람의 配偶者는 순수하고 人格이 높은 연분이라고 본다. 萬若 刑冲이 붙을 때는 反目한다.

偏印=偏印이 日에 有면 吉한 配偶者 얻기 어렵다. 他柱에 偏印이 겹치면 福力이 적고 晚年에 男片과 生別하여 生活하는 사람이 많다. 인수도 동일함.

(7) 四柱內 時柱에 六神이 있을때

比肩、劫財＝比肩、劫財가 時에 있으면서 四柱內에 二、三個 또 有하면 敗財하며 偏財나 正財가 他柱에 有면 晩年에 貧해진다. 一個程度 有하면서, 他柱에서 도와오는 것이 많으면 명단하고 剋해오면 凶해진다.

劫財＝劫財가 時에 有하면서 他柱에 劫財有면 女子는 게으르고 弱하며 子를 剋한다. 또는 男片을 배반하든가, 不然則 恒常 變化있다.

食神＝食神이 時에 有면 子女德이 있고 天命을 完遂한다. 食神이 旺하면 長壽하고 子息은 孝行을 한다.

傷官＝傷官이 時에 有면 女子는 子女緣이 있고 男子는 子息이 愚昧하다. 羊刃과 같이 있으면 溫心이 生긴다(本人이).

偏財＝偏財가 時에 有면 中年이나 晩年에 富貴해지고 驛馬와 같이 있으면 他關에 가서 成功하고 命中에 比肩多면 富하다. 그러나 後日에 破한다.

正財＝正財가 時에 有면 先貧後富格이고 十二運星에 建祿 또는 身强四柱면 福祿이 有하다.

偏官＝偏官이 時에 有면서 身强四柱면 子息多며 身弱四柱면 子女연이 작다.

正官＝正官이 時에 有면 晩年에 榮達하다. 刑, 沖, 空, 殺等이 없으면 中年後에 名利가 生기고

男子는 賢貴한 子息이 生긴다.

偏印=偏印이 時에 有면 子孫에 德을 입어 晩年에 幸福하고 長壽한다. 官 또는 殺이 有면 他人을 爲해서 노력하며, 長壽한다.

印綬=印綬가 時에 有면 福이 적고 身强이면 福이 있어도 食神이 많은 격이면 短命아니면 貧困하여 晩年에 孤獨해진다.

※ 時에 十二運星中 養生浴帶祿까지는 子女祿이 있고 衰病死葬胞胎에 逢하면 子女祿이 희박하다. 卽 時에 붙을 때만 본다.

※ 生時가 剋이되고 除하는 것 없고 時柱下에 絕死等을 만나면 남에 아들을 養子로 한다.

※ 時와 月에 胎가 있고 時月이 冲되면 七朔童 八朔童이고 生時와 胎月과 干合과 支合이 되면 滿朔童의 命이다.

上記 六神은 簡單히 運命을 判斷하는 法이며 四柱年에 比肩 劫財 二星 있으면 晩年의 運命에 二星 그데로 上記說明書를 보면된다.

그러나 六神의 설명이 중복되여서 年에는 吉運이 되였으나 時運에 凶한 六神이 있다면 吉과 凶의 설명을 그대로 하되 무엇은 무엇때문에 길하고 또는 무엇은 무엇때문에 凶하다고 보는 것이다.

가령 年柱에 比肩이 있으면 대개 차남으로 出生했다고 하는데 時柱에 比肩이 있으면 晩年에 貧

해진다 등등 설명을 합해 보는 것이나 중복된것이 많이 있으므로 많은 연구가 필요하다.

(8) 六神의 暗記秘法

1、比肩、劫財 = 日干을 돕는다.
2、食神、傷官 = 日干이 生하여 주므로 日干이 泄氣되어 弱해진다.
3、偏財、正財 = 日干이 剋하여 勢力을 消耗시키므로 日干이 弱해진다.
4、偏官、正官 = 日干을 剋하므로 日干은 弱해진다(即 관살이라고 한다).
5、偏印、印綬 = 日干을 生해준다.

(9) 通變法의 秘

一、比肩劫財가 많으면

(1) 比肩、劫財 = 四柱內에 比劫이 (比肩劫財를 간약하여 부르는 단어임).

(2) 많으면 (三個以上이 되는 것) 財産이 貧하여지고 本身인, 日天干이 弱해저서 早失父母하게 된다.

(3) 比劫이 많으면, 印綬를 빨아먹으니, 印綬는 母親에 해당하므로, 어머니가 일찍 죽는다고 본다. 그러므로, 早失父母하고 早出他鄕하여 自首成家한다.

(3) 比劫이 지나치게 많을 때는, 喪妻도 하는데, 日干과 같은 五行이 四柱內에 七個있고, 日干을 相生시키는 五行이 있다면 比肩劫財가 지나치게 있다고 본다.

(4) 比肩, 劫財가 많은 四柱에는 食神傷官이, 있어야 兄弟의 氣가, 조금, 화해되니 富貴多男 妻德을 보는 命이 된다.

二、食神傷官이 많으면

(1) 食神多한 命은 本身의 힘을 빨아먹으니 몸이 허약해지며 重病發生한다.

(2) 食傷이 많으면 比劫이 있어야 四柱가 중화되여서 官祿도 吉해지고 만사가 순탄하여진다. 몸도 건강해진다.

(3) 食傷이 多면 나에 官星을 剋시키니, 官祿이나 子女가 敗한다.

(4) 食傷多에 印綬가 있으면, 本身을 도우며, 食傷을 제거하니, 吉해지며, 官運이나 子女운이 吉해진다. 이럴때, 大運에 印綬運을 만나면 不具者도 四柱內에 印綬가 없는 四柱는 印綬運을 만나면, 大發福하고 生男한다.

(5) 食傷이 剋小할때는, 財星이 있으면, 財星을, 돕게되니 富貴해진다, 이런 四柱가 大運에 印綬를 만나면, 傷官이 파멸되니 財産, 身上 子女등에 파멸을 당한다.

(6) 自身이 弱할 定度로, 食神傷官이 多有면서 大運에 官殺을 만나면 自殺, 破財, 別妻, 失子, 訴訟등의 일이 發生한다.

三、偏財正財多한 四柱

(1) 財多한 四柱는 印綬인 母를 해치니, 早失父親하며 官殺을 相生시키니, 官殺이 나를 剋시킨다, 即妻를 得한 後財産風破發生한다.

(2) 財多四柱엔 比肩이, 있으면 結婚後에 興하고 財産多蓄되고 官祿으로 成功된다.

(3) 四柱內, 財가 알맞게 있어야, 橫財富貴하고 外國出入도 한다.

(4) 四柱內에 財多하며 比肩이 없을 때는, 比肩 만나는 大運에 得男, 得財, 高官巨富도 된다.

(5) 自身이 旺하고, 財가 弱할때는 破運을 당하며, 自身이 旺한 四柱에 大運에, 財를 만나면, 喪妻, 피살 自殺등을 당한다.

(6) 大運에 比劫이 닥치게되면, (내가 강하고, 財가 弱하게 되니 피살, 自殺, 喪妻, 하게된다.

(7) 財多며, 身弱한 四柱일때는, 大運에 食傷을 만나면, 財産을 敗한다.

四、偏官、正官이 많을때

(1) 財産에 官殺이 많으면 不具者되며, 가산을 탕진하고 不然이면 死亡한다.

(2) 官多하면 中和가 되여야 하며, 中和가 되면 大富大吉하다 (中和가 될려면, 官多柱에 食傷이 있으면 제살하여 吉하게 되고 印綬有면, 나를 도와오니 文學으로 成功하게 된다).

(3) 柱內에 官殺多면서, 食傷이 有면 (本身의 秀氣를 빼낸다). 弱中에 더 弱해지니, 官星이, 더 盛해저서, 日柱인 내가 完全히 剋을 당하게 된다. 그러면, 妻財, 失職등의 凶運이 된다.

(4) 柱內에 官殺多인데、大運에서 食神運을 만나면 訟事、妻財、失職等을 凶하게 당한다.

(5) 殺은 男兒요、正官은 女兒다 官殺多면 多子나 無子되며 正官이 適室히 돌면 大官이 되며 偏官이 重和되면 大富貴하고 貴吉하다.

五、偏印 印綬가 多한 四柱

(1) 印星多有면、庶母、繼母가 有며 異腹兄弟有다.

(2) 四柱內에 印星이 많은데、食傷이 있으면서 財가 있으면、횡액할 사람이며、財가 없는데 運에 財를 만나면、大厄을 당하고、官殺을 빼버리므로、子女도 急히 厄運을 당한다.

(3) 日柱가 弱할 程度로 印星이 있는데 食傷이 多면 大吉하고、印星이 많고 日辰(天干)이 弱할 때에는 大運에、食傷운을 만나면、得男 및 興家成功한다.

(4) 印星이 많은 경우는 내가 감당못하니、내몸이 너무 弱하다、너무 旺이되면、도리어 弱해지니 無子된다.

(5) 印星이 多한 四柱에 要見財星하면 大發展한다.

(6) 印星이 弱할때에는、官殺이 있어야 吉하다.

(7) 만약 財星이 있어던지、또는 大運에 財星이 들어오면 財來破印하여 惡死한다.

※ 四柱學에는 通變이란 말이 있다、통변이란 相生、相剋生化되는 運命을 鑑定하는 原則인데、天干과 天干과의 對照에 있어서 五行、陰陽을 본 것으로、六親觀이 加味된 것이다.

第十八章 鑑定順序

(1) 四柱方式을 定하고 日干으로 月支의 關係를 重要視하여 强弱旺衰를 살핀다.

(2) 月支의 性情機能을 살핀다. 月支는 月令이라고 하고 堤綱이라고 하는데, 月支는 運命中樞神經과도 같다. 또한 一國의 首都와 같아서 法律을 定하고, 政令을 내는 곳으로, 即, 人命의 司令을 내리는 곳이다.

(3) 太陽과의 關係도 본다. 太陽의 衛星에 地球는 영우을 절대적으로 받는다. 春夏秋冬의 變化가, 即 그것이다.

一年中、三個月마다、나타나는 기후의 消長變化만 보더라도、地球와 太陽의 關係가 얼마나 密接한가를 알 수 있다. 그러므로、운명학에도、生月을 重要視하는 것이다.

(4) 天地人을 본다. 即 天地人은 天元、人元、地元이며、三元은 宇宙의 範疇이다. 天干은 天元、地支는 地元、藏干을 人元이라고 한다. 이것은 即、四柱八字를 小宇宙로 간주하고 定한 名稱이다. 人元은 重要한 것인고로、장간통변을 日干의 需要用神으로 定한 것이다.

(5) 體用을 본다(即 체용은, 日干五行甲乙木하는 것으로, 基本으로 하여, 이것을 體用神으로, 定하고 地支藏干을 표출시켜서, 運元, 命元으로 하여 用神을 定한다).

(6) 節氣의 깊이를 본다. 月節에서, 며칠째에 出되었는가를 측정하며, 初, 中, 正氣의 人元藏干을 조사한다.

(7) 生剋을 찾아낸다(日干을 기본으로 하여 三干四支中에서 干合支合에서 나오는 五行을 對照하여, 相生相剋中和를, 살피고, 身强, 身弱을 가려낸다).

(8) 通變中(官, 比, 食, 財四吉神과, 偏官傷官, 偏印, 劫財를 四凶神이라 한다) 四吉神이라 하여, 항상吉神으로 되어 있는 것은 아니며, 凶神이라 하여, 항상 흉한 것으로 되는 것은 아니다.

(9) 身旺, 身弱인가를 (日干을 主動해서) 살피는 同時에 用神을 잡는다.

(10) 格局 및 用神을 잡는다.

格은 多種多樣하여서, 數十年을 四柱學을 硏究한 사람도 실수하는 수가 많으나, 運命의 目標이니 從強格이나 從弱格인가 身強格인가 身弱格인지 까지는 찾아야 한다(格局에는 五局 및 五氣化格 등이 있는데, 強, 弱, 旺格, 從財, 從殺, 從兒格等이다).

相生, 相剋, 扶, 仰法에 依해 吉凶의 變化가 多大하다.

(11) 喜神, 忌神을 찾는다.

格을 定함과 同時에、四柱에는 一定不變의 喜神과、忌神이 있다。日干의 强弱에 따라 喜忌神이 있다。

⑿ 行運을 본다。

이 喜忌의 設定으로、비로소、참된 운명을 通鑑할 수 있다。

四柱命式은 先天運命이며 돌아오는 運을、後天運이라고 한다。이 先天運、後天運을 比較하여 참된 運을 推究할 수 있다。

第十九章 旺衰强弱의 理法(旺相休囚 얻는 法)

(1) 日干五行을 主로하여 生月에 配定하면 旺相休囚를 알 수 있다。甲乙相生은 (生月에 對照하여 春月이면 月氣의 令을 얻어、天時를 얻는 것이되고、夏月生이면、月氣의 令을、얻어、天時를 얻는 것이되고、秋月生이면、囚가 되고、冬月生이면、休가 된다。다른 四行 火土金水도、同一하다。即 圖表로 說明하겠다。木日生이 春(正、二、三月)에 出生하면 旺에 해당한다。日干 水日生이 冬에 出生하면 旺에 해당하며 生하면 四行 火土金水도、

(2) 休囚

日干 五行	旺	相	囚	休
木	春旺	夏相	秋囚	冬休
火土	夏旺	秋相	冬囚	春休
金	秋旺	冬相	春囚	夏休
水	冬旺	春相	夏囚	秋休

(3) 六親의 通變法

◎ 陽星印綬는 母이며, 偏財는 父이다.

◎ 陰星正財는 父이며, 偏印印綬는 母이다.

◎ 男女 모두 印綬는 父母星이다.

◎ 男命일때、日干에서 剋하는 財는 妻星이다.

◎ 男命일때、日干을 剋하는 官殺은 子女이다.

(4) 六親의 宮位

◎ 男女 모두 比劫은 兄弟이다.
◎ 女命일때, 日干을 剋하는 官殺은 夫星이다.
◎ 女命일때, 日干에서 生하는 食神傷官은 子星이다.

◎ 年柱는 祖母이며 家庭이다.
◎ 月柱는 父母兄弟이다.
◎ 日柱는 夫婦宮位이다.
◎ 時柱는 子女의 宮位이다.

年月日時를 볼때 해당주를 沖하게 되면, 해당주의 主人이 離別을 하게 되며, 또는 生月中에 官殺이 盛하면 兄弟를 剋하고 生日夫婦宮에 男便을 위배하는 傷官, 妻를 剋하는, 劫財가 있어, 旺勢하면, 夫婦는 反目, 또는 生死別한다고 본다.

(5) 反生反剋이란 것이 있다

例컨데 水는 木을 生하지만 生하는 水가 多면 生助하는 것이, 도리여 剋傷하는 것이된다. 水多면, 樹木의 根이 썩고, 生木을 沮害하며 死木은 漂流하고 또는 腐木이 된다.

金은 木을 剋하나, 木氣가 太過하면 金은 꺾인다. 剋은 도리어 制가 되는 變體的 理致의 法이다.

要컨데 生과, 剋이 어느, 一方이 太過하면 變化作用을 한다. 例컨데 印綬偏印이 多면, 母多하여 他家에 身勢를 지고, 養育을 받게 된다. 또 印綬가 많고, 命中에 正財가 有면 印을 制하는 것이 아니고, 도리어 反生하는 것이어 된다. 即, 忌神은 喜神으로 變化한다.

◎ 太過星은 病이다. 必히 太過할 時는 扶仰이 있어야 한다.

◎ 六親星(가령 比劫多면 初年 가난하다는 것을 본다) 六親星이 天干에 多면 作用術이 分明하고 地支에 多면 경미하다.

(6) 職業 關係

◎ 官公職의 八字

官公職의 규격을 가리키는 것은, 刑沖剋이 많으며 十二運星의 生이 있는 곳을 剋破하는 四柱는 官公職業이 吉하다. 또는 十二運星의 死胞가 있어도 生扶를 얻을때, 또는 正官, 偏官이 많으면서 중화가, 잘 되지 않을때, 또는 四柱內에 干支가 同一한 것이 많을 때이다.

(7) 軍人의 八字

官公職과 軍人은 대동소이하다。예를 들면 偏官은 强하고 日干은 弱하다。 羊刃이나、 刑沖이 있는 四柱는 軍人이 吉四柱內에 官殺이 旺하고 日干도 旺盛하면 **權勢**를 얻고 大將이 되는 수 있다。

◎ 農業의 四柱

四柱內에 土가 많이 있으면 農業이 吉하다。大農이냐、小農인가는 많은 土가 生이 있고 泄氣가 잘 되었을 때는 大農이 되고 生이 없던지 泄氣가 없으면 小農이 된다。

(8) 商人의 八字

商人은 財星이 目表이다。

◎ 財星이 많은 四柱가 驛馬가 있으면서 驛馬를 冲을 하면 商人의 八字이다。

◎ 工業家의 八字

四柱內에 印綬가 旺하면서 金木이 많이 있어서 剋戰이 되는 八字이다。

◎ 藝術家의 八字

印綬는 文華의 神이다。印綬가 많으면 文藝通達되는데 刑、冲、剋、害가 있으면 小藝術人이고, 空亡이 되고, 또 咸池, 沐浴, 四敗등의 殺이 많으면 性格이 잔인한 예술가이고 印綬가 많으면서 刑冲破害등이 없으면 藝術大家의 四柱이다.

華蓋, 正官, 貴人이 많아도 예술가이다.

(9) 僧道의 八字

華蓋, 印綬, 孤寡, 死葬, 空亡등은 僧道의 神이다.

月柱나 또는 日柱에 華蓋등이 있으면서 華蓋가 있는 곳을 他五行이 生해주면 僧道의 八字이다.

印綬孤寡등도 同一하다.

그런데 大僧이냐, 小僧인가는 四柱自體가 中和가 잘 되었으면 大僧이 되며 中和가 되지 않으면 小僧이 된다.

第二十章 六神秘解

(1) 四柱八字中에서, 日柱天干은 언제나, 自己의 몸으로, 生覺을 하고, 年月柱는 祖父祖母의 운이 되며, 日時柱는 卑屬으로 본다.

그러므로 自己의 몸이 되는 日柱는 夫婦운이 되며 時는 子女의 宮이 되는 것이다.

四柱中에서 宮位(年은 祖上, 月은 父母兄弟, 時는 子女日柱는 夫婦宮)에 依하여, 六親을 配定하고 六親位置에 吉하고 凶한 柱인 가를, 따라 吉凶의 판단을 하는 것이다.

(2) 年柱에 吉한 六神이 있다던지 年柱의 五行을 生해주는 것이 많다면 祖上은 번영하므로 혜택을 받게 되며 凶神이 年柱에 있다면 祖上의 德도 없으며 凶하다고 본다.

(3) 四柱月柱에 吉神이 있으면 父母는 貴하고 盛하여 父母의 德을 받게 되고 凶神이 있으면 父母의 運命이 不吉했고 父母德도 없다고 본다.

(4) 日柱에 길신이 있으면 本妻와 百年偕老하고 妻德을 받으며, 日柱가 凶神이 있으면 夫婦離別, 또는 妻德無하다고 본다.

(5) 四柱時柱에 吉神이 있으면 子女는 成功하여 子女德이 있다고 보며 凶神이 있으면 子女德 無하다고 본다.

※ 吉神이란 各柱를 生하는 五行이 많던지 冲破害 또는 空亡等의 殺이 없는 것을 말한다.

(6) 兄弟는, 꼭 있어야할 位置가 없다. 日干五行과 같은 五行이 四柱內身强身弱을 본 후 比肩 劫이 吉神이 되면 兄弟가 번창하고 德이 있으며 日干과 같은 五行이 忌神五行이 되면, 兄弟德없다고 본다.

(7) 父母의 神 다시 말해서 偏財는 父親이며, 印綬는 母親인데 어느 柱下에 있더라도 父母神이 冲이나 剋이 되지 않으면 부모덕이 있으며 扶抑(父母神이 弱할때는 生해 주는 五行이 있던지 또는 父母神이 여러개가 있는데 父母神을 泄氣시키는 것을 말함)이 알맞으면 父母가 長壽하며, 天乙貴人, 天德貴人, 月德貴人이 父母神에 同柱하면, 父母가 榮達하고 大貴 吉하다.

(8) 夫婦의 神이 剋을 당하지 않으면, 子息이 많으며 子息德이 있다고 말하는데, 많다, 작다는 十二運星이 時에 있는 것에서 數字를 본다.

(9) 子女의 神이 相剋을 만나지 않으면 子女德이 있으며 仰扶가 알맞으면, 子孫이 昌盛하며 有德하다.

(10) 四柱內에 父母의 六神이 없는데 貴하고 長壽하는 사람이 있고, 또는 子孫의 六神이 없는데 子孫이 번창하며, 夫婦六神이 없는데 夫婦가 행복하게 生活하고 있다. 이런 것은 日柱를 비롯하여 四柱全體가, 根氣有無(12운성에 吉星이 있는가 凶星이 많은가) 五行이 많은지 剋이 많은지)에 따라 父母의 관계를 살피고 生氣有無(時柱를 生하는 五行이 많은지 剋이 많은지)에 따라 子息의 有無를 判別하며 和氣有無(日柱를 冲, 剋, 破, 害, 五行이 다 있는 것)에 따라 夫婦關係를 연구 살핀다.

모든 四柱는 中和(木金이 있을때 中間에 水있다면 중화가 된다)를 좋아한다.

11) 四柱에 比肩劫財가 많으면, 父親을 떨어져 산다. 이유는 가령, 日干이 木인데 四柱內에 木이 많다면 土가 偏財가 아니면 正財가 될 것인데, 많은 木이 土를 剋하니(木剋土) 土가 온전할 수 있겠는가.

만약 父親과 同居하면 父親과 和睦치 못하거나, 父親의 運命과 身病으로 凶하게 된다.

12) 偏財가 死나 胞있는 柱에 있던지, 刑이나 冲이 되면 父親을 剋하던지 父親無德하다.

13) 父나 母의 六神이 12運星에 生旺이 있는 柱에 있으면서 天德, 月德, 天乙貴人등에 해당하는 柱에 있으면 父親이 富者이다.

14) 偏財는 12運星에서 絶死葬衰等이 있는 곳에 있으면 父는 客地에서 客死하기 쉽고 偏財가 있는 柱上이나 下行에 偏財를 剋하는 比肩이 있어도 부친은 客地出他한다.

15) 母의 六神은 印綬이다. 四柱內에 印綬가 있는데 正財가 많으면 母親을 쫓아버리니, 再嫁하게 되던지 母親이 死亡한다.

16) 印綬가 12運星에서 吉星이 있는 곳에 있으면서 印綬가 되는 五行을 剋하는 五行이 없으면 어머니는 현명하고 慈愛가 깊으나, 印綬가 死葬等에 있으면, 母親은 殘疾이 있든지 또는 賢明하지 못하다. 또는 印綬에 殺은 正財인데 正財있는 柱下地支에 있는 것을 殺地에 臨한다고 한다.

17) 財星이 弱하고 大身強四柱이면 妻를 剋하고 이와 反對로 財星이 強하고 日干이 弱한 身弱

(18) 四柱이면 妻는 男片을 助力하지 못한다.

(19) 妻財가 衰敗絶이 있는 곳에 있으면, 多病하고 賢明치 못하다.

(20) 財多身弱하면 妻에 依存하기 쉽고, 妻는 男片보다 優秀하다.

(21) 財星空亡되면, 妻德無하고 刑冲되여도 妻德無하다.

(22) 四柱內에 偏財正財가 같은 柱에 있으면, 偏財正財 있는 柱의 強弱에 따라 本妻偏妻의 勝負를 定한다.

(23) 比肩이 死葬胞等이 있는 자리에 있으면 兄弟의 惠澤을 얻지 못하고, 兄弟가 적다.

(24) 月柱는 家庭의 門戶이다. 自己와, 兄弟같이 出生한 곳이므로, 兄弟를 剋하는 五行이 있고 또 다른 柱에 官殺이 있으면 兄弟를 剋하여 因緣도 없다.

月柱에 比肩劫財가 같이 있으면 兄弟는 自己의 福을 나누는 것이 되므로 分福한 四柱라고 말한다.

(25) 月柱에 冲이 있으면, 早出他鄕한다.

例를 들면 형제궁이 月柱인데, 兄弟가 出生家를, 계승하므로 다른 곳으로, 떠나야할 八字이다.

(25) 六親에, 해당하는 各神이 剋, 害, 冲, 空亡等이 되면 그 剋, 害, 冲, 空亡된 六神이 피해를 입는다고 보라.

(26) 四柱는 運路判斷에서 六神감평에까지 各各 旺衰 冲剋을 보고 吉凶을 감정하는 것이다.

(27) 많은 五行이 있을 때는 泄氣가 되는 五行이 있으면 吉하고 五行이 중화가 되지 않으면 凶한 것이다.

(28) 어느 六神이라도 六神이 많으면, 反對로 凶하게 된다. 그러므로 比肩, 劫財가 많으면 妻妾을 剋하고, 父母를 해치며, 財星이 많으면, 尊親을 剋하고, 官殺이 많으면, 兄弟를 剋한다. 偏印 印綬가 많으면 子女를 剋하고 夫婦를 背反한다.

(29) 生月에 刑冲이 되면 六親과 意見을 달리하고 家庭風破가 많다.

(30) 女子四柱는 官星을 男片으로 본다. 正官이 있는데 偏官도, 또 있으면서, 傷官이 있으면, 男片을 버리고 外夫를 딸어서 간부를 두게 된다.

(31) 男子四柱는 正財를 妻로 본다.

(32) 四柱內에 偏財가 있고 劫財와 羊刃이 같이 있는 四柱는 本妻를 剋하고 妾을 사랑하며, 男女 모두 冲, 刑, 剋害에 의하여 吉凶이 判斷된다.

(33) 여자사주에 食傷이 많으면 男片을 剋하고 再嫁한다.

(34) 男子四柱에 比劫이 많으면 夫婦離別하며, 羊刃殺이 많어도 夫婦離別한다.

(35) 男女四柱에, 子女를 剋하는 六神이, 많으면 子女가 不吉하다.

男女四柱에 子女를 剋하는 六神이 年月柱에 있고 旺하면, 첫 子女를 잃는다.

(36) 四柱에 時柱를 冲刑하고 生月을 主動하여 休囚되면 子女의 운이 凶하다.

(37) 四柱의 時柱에 死胞의 12운성이 있으면 無子되며 子女의 神이 있는 柱下에 12운성의 死胞 葬等이 있어도 子女를 두기 힘들고, 두었다 하여도 無德하다.

※ 年柱干에 偏財가 되면 父親 또는 祖父가 養子이다.

第二十一章 性格判斷法

一、 四柱內에 五行이 많을 때와 五行이 없을때에 限하는데 多와 無를 彙하여 說明하면 明哲하게 알 것이다.

(1) 四柱內에 木多하면 성질이 유하고 편굴하며 항상 질투심이 있어서、仁慈하지 못한 편이 있고 결단심이 없어서 좌절함이 많다.

(2) 四柱內에 木不見則、의지가 弱하고 성질이 심하게 弱하다. 모든 일에 規律이 없고 마음이 不正을 품고 있다.

(3) 四柱內에 火多則 총명하고、모든 일이、他處에게 뛰어난다. 身弱四柱면、총명한 것 같으

나 能力이 없다, 화려하고, 아름다운 것을 좋아하며 허영심이 많다.

(4) 四柱內에 火不見則 멍청이처럼 둔하다.

(5) 四柱內에 土多則, 自負自信하고, 財物에 執着心이 있어 自己 일에는 아끼지 않지만 他人에게는 厚하지 않다. 柔順한 편이나 의심이 많다.

(6) 四柱內에 土無則 음흉하고 없어도 있는척 한다.

(7) 四柱內 金多則 陰險中에 剛氣와 決斷力 있으나, 동작이 확고하지 않다.

(8) 四柱內 金無則 어질고 어진반면에, 큰소리를 못해보며 모든 일에 침착성이 있어 여러가지 生覺을 깊이한 끝에 처세를 하다보니, 기회와, 찬스를 놓치고, 후회하는 경향이 많으며, 仁心이 있어도 實行力은 적고, 일에 臨하여, 좌절하게 되니, 모든 일에, 초조하다. 巨國的인 일은 하기 힘든다.

(9) 四柱內 水多則言行이 不一致하고, 때에따라 변명하는 결점이 있다. 일을 함에, 계획이 없고, 만사에 규률이 없으며 心身이 不定하여, 변심하기 쉽다.

(10) 四柱內 水無則 健康이 弱하며 本心이 없어서 가면을 잘쓰며 때에 따라서 처세를 잘하며 누구에게도, 친절히 하지않는 고지식한 성품이 많다.

二、 五行으로 본 性格

(1) ※ 日天干을 主動하여서 年月日時四支에서 많은 五行으로 性格을 判斷한다.

人間의 性은 元來靜한 것이다. 他動的刺戟으로 情에 나타난다. 다시 말해서 喜怒哀樂愛惡
慾으로 七個의 情을 나타내고 있다. 또한 五常도 있다. 五常은, 仁, 義, 禮, 智信으로 表
現시키며 根源은 五行에서 起因한 것으로 木은 仁을 나타내고, 火는 禮를 나타내고 金은
義를 지니고 있고 水는 智며 土는 信을 품안에 간직하고, 있어서 各己主觀되어 있다. 그러
므로 生日天干五行을 主로하고 年月日時四支中에서, 많은 것, 없는 것으로 性格이 다르게 되는
것이다. 그러므로 五行의 自體的 性格을 말하기로 한다.

三、 日干이 木日生에 限함

(1) 四柱日干이 木일때

木은 曲直이라하며 仁의 字意가 主動하고 있다. 언제나 남에게 인정을 베풀고 인자하다.
남에게, 손해를 줄려고 하지 않으며 德을 줄려고 노력하는 仁心을 가지고 있는데 日干이 木인데 四
柱內에서 五行이 多少에 따라 성질에 변화를 가져온다. 日干이 木인데 四
柱內에서, 日干을 너무 많이 生해주면 마음이 溫厚 하고측은 한약한 마음이 있으며, 惡한

(2) 木이 日干이 되고 木多한 四柱는 性質이 편굴하고 항상 질투심이 있어서 仁慈하지 못한 편이고, 생각했다가 금방 취소하는 줏대가 없어서 좌절함이 많다.

(3) 木日四柱가 四柱內에 木이 없다면, 意志가 弱하고 성질이 심하게 柔하다. 모든 일에 순서가 없고, 마음에 盜心 부정을 품고, 더욱 허황하게 하다가 실패한다.

(4) 木日生四柱에 火多하면, 총명하며, 모든 일이, 타인보다도 뛰어나고, 上下를 알며 지혜와 두뇌가 뛰어난다. 身弱한 四柱면 총명한 것 같으나, 총명치 못하고 能力이 없는 허영심만 가득히 있으며 겉치레만 假飾한다.

(5) 木日柱에 土多한 四柱는 自己일이던지 남에일이던지, 自負心과 自信을 하는 사람이며, 他人에게는 厚하지 않고 自己일에는 아끼는 것이 없는 사람이다. 나만이 아는 사람이다. 反面에 권모술수가 좋아서 剛烈하지 않고, 人心을 잘 看破하는 能力이 있다但, 善을 품어도 의심이 많다. 四柱內에 土不見면 허영심 때문에 망한다.

(6) 木日柱金多하면 陰劍中에 剛氣와 決斷力있으나 하는 처세는 올바르지 못하고 마음은 착해도 實行力이 적고 忍耐不足하여, 失敗 잘한다.

(7) 木日柱에 水多하면 말하는 것이 一致하지 않고, 때에 따라서 歪曲하는 결점이 있다. 모든 일에 결정을 갖인 계획이 없고, 만사에 순서가 없이, 마음이, 곧지못하여, 변심 잘한다.

마음은 전연 없으며 착하다. 처세하는 것은 점잖하고 動作는 端正하다.

四、日干火에 限함

(1) 火日生四柱에 木多하면, 自己 評價를, 높이하고 스스로 행복과 세력을 쌓아서 위력을 베풀려고 한다. 自我心이 强하고 총명하나, 뜻을 이루기 어렵다. 항상 남과 말하기를 좋아하는데, 냉정하게 모든 일을 시작하면 뜻을 이룰 것이다. 木不見하면 財慾이 없다.

(2) 火日柱四柱에 火가 많을때 성격이 폭팔적으로 火氣를 상징케하며 만사에 지나치게 처세하며 일을 한 후 뒤에는 후회한다. 反省力은 있어도 忘却한다.

(3) 火日四柱에 土가 많으면 사람이 주책이 없고 비밀을 지키지 않으며 行動이 完全치 못하는 수 있다. 土無則反對가 된다.

(4) 火日四柱에 金多면 自尊心이 强하고 他人에 대할때 무리한 過言을 잘하며 뒤에는 誹謗을 잘받기 쉽다.

(5) 火日柱에 水가 많은 四柱는, 착실히 하여서 사람을 대하려고 하여도 결과는 害를 당하게 되는 운인데 月支五行이 日干을 生해주면, 총명하고 劃이 深奧하여도 명철하다. 그러나 뜻을 이루기는 좀 힘이 든다.

五. 日干土에 限함

(1) 土日四柱에 土多하면 평소에 신용을 重히 하고 約束을 지키며, 每事에 충실하다. 원만하면 神佛을 敬信한다. 반성을 못한다.

(2) 土日四柱에 土가 없으면 모든 일에, 理致가 맞지않고, 自己만 좋게하는 버릇이 있다. 內心에 小毒이 있고 事物에 인색하다. 不信을 敢行하기 때문에 착취를 모르는 성질이다.

(3) 土日四柱에 木多하면 努力이 많이드나 成功이 없고, 根本을 잃고 枝葉에 흐르는, 情이 弱하고 他人을 爲하여 奔勞함이 많다.

(4) 土日四柱에 火多하면 義를 베푸나 親함을 얻지 못하고, 平生에 混迷함이 많다. 事物을 決斷지우지 못하고, 口頭約束은 實行에 隨伴되지 못한다. 違約하여도, 부끄러움을 모르고, 또 自己를 保護하는데 汲汲한 命이다.

(5) 土日四柱에 金多하면 恩惠를 베푸는 것을 좋아하고, 信에 厚하며, 義理를 重히 한다. 但驕慢心이 있다. 剛하여 떠드는 便이고 自重心이 缺如되어, 모든 사람에게 容納되지 않는 성질이다.

(6) 土日柱四柱에 水多하면 功名에 焦燥하다. 自重心을 修養하면 善行이 되나, 妄動하면 도리어 졸장부 된다. 惡에 가담하여 義를 잃고, 失敗하며 근심으로 生涯하기 쉽다.

六, 日干金에 限함

(1) 金日生이 金이 四柱內에 旺相하면, 명예를 重히 하고, 義理人情에 깊다. 人格과 威權이 있고, 모든 일에 決斷力이 있으며, 또한 明敏하다. 스스로 勇氣를 자랑하고, 너무 남에 일에 도움을 주기를 좋아한다.

(2) 金日柱에 金無한 四柱는 思考가 지나쳐서 決斷力이 없고 모든 計劃은 挫折한다. 義를 崇尙하나 實行이 隨伴되지 않는다.

(3) 金日生木多하면 恒常打算的, 精神이 厚하고 金錢에 執着心이 강하다. 曲直理否를 갖이고 利害得失을 辨別하는 能力이 있다. 다만 慾心으로 損害를, 볼 것이며 德行을 알고도 베풀지는 못한다. 萬事에 言行이 一致하지 못하는 性質이다.

(4) 金日柱에 火多則, 利害得失을 判別하는 小才가 있고 動止가, 모두 焦燥하다. 그리하여 心中은 인색에 기울어지고 일에 臨하여 根氣가 없고 挫折하기 쉽다. 身旺하면 정숙을 지켜 淸明하다. 身旺이 他五行에서 相剋으면 能히 大器를 이룩할 命이다.

(5) 金日生土多則 計劃性無하고 儉約慈悲를 말로만하여 言行이, 一致하지 않는다. 萬事에 自己를 얻는 性質이 있다.

(6) 金日生水多한 四柱는 聰明英智하나 計劃에 均衡을 잃는다. 스스로 聰明을 믿고 智에 넘어 疑心이 있다.

七、日干水에 限함

(1) 日柱水日에 四柱內에 水가 多하면 風浪이 많으며 主때가 없으며 모든 일에 치밀하며 견식은 衆人에 뛰어나서 똑똑하나, 기계제작, 기술등이 吉하며 變動이 多하며 言語가 輕하다.

※ 水가 없으면 속은 깊으며, 담이 적고 計劃이 없으며 性質이 曖昧하다. 故로 智와 識이 막히어 活躍하기 어려운 性格이다.

(2) 水日柱에 木多하면 만사에 지나쳐서 意志가, 一定치 못하여, 柔弱에 흐르고 일에 臨하여 緩慢하나 儉素의 中心을 잃게 된다. 他人에게 恩惠를 베푸나, 一面 원수를 맺는다.

(3) 水日柱火多하면, 모든 것이 허래형식에 빠지기 쉽다. 精神이 強固하지, 못하고 散慢하다. 모든 일에 深慮하나, 도리어 損害를 본다. 너무 경솔하여 후회하고 中心을 지키지 못하며, 모든 일을 끝까지, 成就하기 어려운 성질이다.

(4) 水日柱土多則 內柔外鈍하고 忍耐力은 있으나, 결단심이 없고, 信義의 념이 있어도 베풀지 못한다. 恒常止滯가 많다. 金氣의 扶助有면 止滯가 없고 精神이 明朗하다.

(5) 水日柱金多면 聰明하며 志望은 크지마는 一面, 淫하고 義理를 尊重하나 結實은 맺지 못한다.

自己評價를 높이하고 自我心이 强하다. 以上日柱 天干五行을 主로하고 他柱五行과 對照하여 性格을 定한것이다.

第二編 運解

第二十二章 人生運路 各種秘訣

一、大運을 論하는 法

大運은 누구나 다 같이 이 세상에 태여날때 부터 타고나온 即 言約한 것 같은 運이 있으며 언제 吉하며 運命이 언제 교차되는 것인가를 아는 것이다.

※ 외울것

陽男, 陰女는 順行하고 미래절이며, 陰男, 陽女는 逆行(역행)하며 過去節이다. 지난 前編에서 설명 하였지만 陽은 甲、丙、戊、庚、壬이며 陰은 乙、丁、己、辛、癸라고 되여 있으니 이것으로 陰陽을 안다.

(1) 그러면 男子四柱가 陽이다. 女子四柱가 陰이다 하는 것을 아는 法은 그 사람의 **生年天干**만 가지고 말한다.

男子四柱가 甲子年生이이라면 甲은 陽이니 陽四柱라고 하고 女子四柱가 癸亥年 出生한 女子라면 癸는 陰이니 陰女四柱라 한다.

(2) 가령 男子四柱가 甲子年 戊寅月에 出生한 사람이라면 陽男 四柱는 順行하라고 했으니 (陽陰은 年干으로 알고 大運路는 生月建으로 始作한다) 己卯, 庚辰, 辛巳, 壬午, 癸未, 甲申順으로 羅列하고, 男子四柱가 癸亥年生戊辰月이라면 男子가 陰四柱를 탓으니 逆行한다. 丁卯, 丙寅, 乙丑, 甲子, 癸亥, 壬戌等으로 逆數로 羅列하라.

가령　　　　　　　大運

年　戊寅　土木　　辛巳
月　庚辰　金土　　壬午
日　甲子　木水　　癸未
時　壬戌　水土　　甲申
　　　　　　　　　乙酉
　　　　　　　　　丙戌

男子四柱라면 陽男四柱로서 (年天干 戊는 陽이니까) 順行하라했고 月을 主動하여 羅列하라 했으니 上記식으로 나열한다.

學者를 爲하여서 실예를 들어 나열할까 한다.

가령, 男子 甲子年 三月 三日 子時生이라면

四柱　　　　　大運

年　甲子　　　己巳
月　戊辰　　　庚午
日　乙卯　　　辛未
時　丙子　　　壬申
　　　　　　　癸酉
　　　　　　　甲戌

남자가 甲子年에 出生하였으니 甲은 陽이므로 陽男四柱이다. 陽男四柱는 順行하라고 하였으니 月柱를 主動하여서 六十甲子를 順序的으로 甲子、乙丑式으로 세여나가니 生月이 戊辰月이므로 戊辰、己巳、庚午、辛未、壬申式으로 나열 하여나간다. 人生의 回甲이 六十年을 지나면 다시 자기의 出生年이 돌아 오므로 月柱를 뺀후(戊辰月이면 己巳부터) 다음순서부터 六行을 나열한다. 그러므로 대운나열법은 己巳、庚午、辛未、壬申、癸酉甲戌式이 된다.

가령 女子四柱가 甲子年 三月 三日 子時라면

大運

二、 行運歲數 아는 법

여자는 陰性人인데 왜 陽性이 되는 男子의 性格을 갖인 陽四柱를 탄는가? 그러므로 生月柱를 主動하여서 六十甲子中에서 지나온 六甲을 기술한다. 戊辰月을 主動하여서 六甲을 거구로(逆行) 올라가니 丁卯, 丙寅, 乙丑, 甲子, 癸亥가 된다.

※ 以上과 같이 順行하는 大運을 順運이라 稱하고 逆行하는 大運을 逆運이라고 하는데 大運은 順行이나 또는 逆行하여서 十年마다 變하는데 몇살때 變하는가 하는것은 行運歲數를 計算하여야 한다.

四柱		大運
年	甲子	丁卯
月	戊辰	丙寅
日	乙卯	乙丑
時	丙子	甲子
		癸亥
		壬戌

실지로 쓰는 方法은 丁卯, 丙寅, 乙丑, 甲子, 癸亥式으로 六行까지 나열하라.

(1) 男子四柱 陽四柱나 女子 陰四柱일때는 順運이 되는데 順運은 그 사람의 生日부터 (千歲曆

에서 正月 立春、二月 驚蟄、三月 淸明하는 節期를 보라) 앞으로 다가오는 節入날 까지의 日字數 를 合計하여 三으로 나눈다.

(2) 又는 男子四柱 陰이며 女子四柱 陽일때는 逆行하는 逆運이 되는데 이 逆行하는 大運은 그 사람의 生日부터 始作하여 지나온 제일 가까운 節入날까지 日數를 計算하여서 三分하여라.

※ 生日부터 날자를 計算하여서 일정한 숫자가 나올때,

一、二、三、四日　까지는 一大運
五、六、七日　까지는 二大運
八、九、十日　까지는 三大運
十一、十二、十三日 까지는 四大運
十四、十五、十六日 까지는 五大運
十七、十八、十九日 까지는 六大運
二十、二十一、二十二日 까지는 七大運
二三、二四、二五日 까지는 八大運
二六、二七、二八日 까지는 九大運
二九、三十日　까지는 十大運으로 計算하라.

이렇게하여 運行歲數가 가령 一〇이 나왔다면 一〇歲 二〇歲 三〇歲 四〇歲 五〇歲 六〇歲順序

※ 實例 一을 든다면

一九三八年生 戊寅年 四月 六日生 子時 男子라면 戊字가 陽이므로 陽男이란 것은 알았다.

四柱　　　　大運

年 戊寅　　丁巳 一、一
月 丙辰　　戊午 二、一
日 丁酉　　己未 三、一
時 庚子　　庚申 四、一
　　　　　辛酉 五、一
　　　　　壬戌 六、一

陽男 順行이므로 大運은 月柱干支에서 始作하여 위와 같은 大運이 된다.

이와 같이 되는데 生日 初六日부터 앞으로 닥치는 節期까지를 보니 初七日 立夏이니 七日에서 生日 六日을 빼니 一日 남는다. 一、二、三、四日까지는 大運이 一이니 一歲, 十一歲, 二十一歲, 三十一歲式으로 되였다. 그런데 왜? 丁巳에 十一을 썼는가하면 一歲를 밑에 쓰면 一歲부터 始作이란 뜻이 되고 十一을 쓰면 丁巳가 十一歲까지 끝이 났다는 뜻이 되므로 十一歲를 쓴 것이다.

227

實例 二를 든다면

女子四柱 甲子年 一月 十五日生 子時라면 (一九二四年 出生者)

年 甲子
月 丙寅
日 戊辰
時 壬子

逆行이므로 十五日 生日에서부터 지나온 節期를 보니 正月初一日 立春節期가 있다。生日 十五日에서 立春든날 一日을 빼니 十四日이 된다。(十四日을 三分하면 (十四를 三으로 나누워보니 一의 수가 모자라는 五가 된다。그러므로 大運數는 五가 되며 一數가 모자란다든지 남는數는 공제한다。

또다시 實例를 들어보기로 하자。

庚寅年 十二月 二九日 戌時 男子四柱라면 (一九五〇年 出生者)

年 辛卯 金木 正財 印綬 浴
月 庚寅 金木 偏財 偏印 生

日 丙子 火水 己身 正官 胎
時 戊辰 土土 食神 葬

大運

己丑 一、一 傷官 傷官 養
戊子 二、一 食神 正官 胎
丁亥 三、一 劫財 偏官 胞
丙戌 四、一 比肩 食神 葬
乙酉 五、一 印綬 正財 死
甲申 六、一 偏印 偏財 病

解說

庚寅年에 出生했지만 四柱는 必히 節入을 가지고 年, 月, 日까지 定하는 것이므로 十二月 二十八日 乙亥日 子時初 初刻에 立春이 들었으므로 二十八日 後는 新年度에 태어난 四柱다. 正月 初一日이 된 것과 같이 되였으니 그러므로 이 사람은 辛卯年 一月의 월간을 사용하라. 生日은 庚寅年 十二月 二十九日의 日辰 그대로 쓴다. 六神 十二運星은 日天干으로 主動하라. 또한 生時는 역시 日干을 따라 시두작법한다. 只今까지는 大運을 整理했으니 大運의 運路가 吉凶인가를 **判斷하여야**

한다. 判斷法은 一國에 首領이 있듯이 四柱에서도 總責任을 지고 일할 수 있는 총사령관을 찾아 내야 한다. 即 그것이 用神이라는 것이다. 첫째 身强四柱인지 身弱四柱인지를 안연후에 用神잡는 法을 알기로 하자.

三、 身强 및 身弱인가를 아는 法

(1) 첫째 외울것

寅卯月은 木旺節에 出生한者. 巳午月 出生者는 火旺節이며 申酉月者는 金旺節이며 亥子月出生者는 水旺節이며 辰戌丑未月 出生者는 土旺節에 出生한 사람이다. 이것은 四柱月支에 地支만 가지고 본다.

둘째로 외울것 相生相剋이다.

相生 = 木生火 火生土 土生金 金生水

水生木 글자 그대로 相生 吉함을 말한다. 그러나 木이 火를 生하므로 木는 火에게 힘을 뺏긴다. 火生土 土生金 等도 同一 하다.

(2) 見 法

四柱 日天干을 主動의 目標物로 지명한 후 生月地支가 무슨 旺節인가 본 후 가령 月支가 辰月인데 生日天干이 癸日일때 癸는 水요 辰은 土이니 서로 相剋되니 日干이 弱했다 그러므로 身弱이 되였다고 보는데 다른 (四柱中) 他 五行들이 日天干을 많이 生해오는 것이 있다면 身强이라 볼때도 있다. 그러나 여러분에 特別한 秘法으로 간단히 알 수 있는 法을 공개해 드린다

※ 四柱中 月支 五行을 二個로 生覺하고 干合 地合 三合이 되여서 나오는 五行을 四柱八字 옆에다 나열시켜 日天干을 相對시켜라.

가령 (1)

年 甲子 木水 天干合 甲己合土
月 壬戌 水土 地支合 子丑合土
日 己丑 土土
時 癸亥 水水

解說

地支合에서 子丑合土 했으니 土가 하나 四柱内에 있고 三合은 없고 天干合에 甲己合土 했으니

又는 土가 더 붓는다。 그러면 日天干土를 戌月土와는 比和다(똑같은 것) 比和는 서로 서로 도와주는 相生으로 보시라 即 日天干土를 生하는 것은 天干合土 地支合土 하여서 土가 四個인데(日干土는 生覺말 것) 月支旺節을 二個로 간주했으니 土가 五個가 된 셈이다. 日干土와 相剋이 되는 것은 亦是 五個가 되었다. 이럴때 같은 비중일때는 旺節편을 따라서 身强 四柱라고 한다。

가령 (2)

年 辛未 金土 丁壬干合 木
月 丙申 火金 寅亥地合 木
日 丁亥 火水 丙辛干合 水
時 壬寅 水木

解説

寅亥合木 있고 丁壬合木이 있다。 그럼 日天干과 月地支가 相剋이 되였으니 身弱이라고 볼 수 있으나 日天干을 主動하여서 全體五行을 다 대결 시키니 相生이 四個있고 月支를 二個로 計算하니 日干火와 相剋되는 것이 六개가 된다。 그러므로 身弱四柱이다。

가령 (3)

가령(3)

年 甲子 木水
月 丙寅 火木
日 乙卯 木木
時 丙子 火水

四柱八字의 五行中에서 日天干木을 생해주는 것은 年干木이 같은 木으로 도와주고 年支水가 水生木하여서 日干木을 생해주며 月支가 같은 木이되며 도와주며 日支도 같은 木으로 도와주며 時支의 水도 日干木을 생해주니 日干을 생해주는 것은 五개인데 月支를 二개의 數字같이 생각하라 하였으니 六個의 五行이 日干을 생해주는 것이 되며 日干 木의 힘을 극해오는 것은 없어도 木生火 하여서 日干木의 힘을 빼는 火가 있으니(힘을 빼는 것은 泄氣시킨다고 한다) 木의 원수는 相 훼이나 같으므로 月干火와 時干火하여 二個의 원수가 있으므로 身强四柱가 된다.

가령(4)

年 丙辰 火土
月 壬申 水金
日 甲申 木金
時 癸卯 水木

四柱內 日干甲木을 生하는 것은 時干支의 水木과 月干水가 도와주니 日干을 生해주는 것은 三個뿐이고 年火는 木生火하여 日干의 힘을 빼며 年辰土는 日干인 木이 극하니(남을 때리자면 自己의 힘도 빠진다) 오히려 害가오며 月支 日支金이 직접 극 해오고 있으니 月支의 五行을 一個로 생각하라 했으니 日干의 木을 剋하는 것은 五個의 원수가 있으니 어찌 我身인 日干이 强할 수 있겠는가, 그러므로 身弱四柱가 된 것이다。

四、用神 定하는 法

身弱四柱 일때는 日天干을 相生시키는 五行이 四柱八字中에 있을 것이니 바로 生하여오는 五行이 用神이 된다.

※ 여기에서 알아야 할것은 用神이 弱할때가 있다。 가상하여 相剋되는 五行이 用神이 되는 木이라면 木혼자서 土가 三個 四個가 있다면 이길수 없으니 너무 木으로서는 미약하니 이런때는 木을 用神으로 잡지 말고 土를 빼버리는 것을 用神으로 잡는다。 土를 지고가는 것은 土生金하니 金이 土를 표출시킨다(빼서 짐어지고 가는 것)。 즉 四柱에 金이 他柱에 있다면 金을 用神으로 잡는다.

실예 (1)

年 甲子 木水

月 丙寅 火木
日 乙卯 木木
時 丙子 火水

※ 上記 說明에서 身強四柱로 결정이 되었다. 신강사주일때는 日天干을 剋하는 것이 用神이 되며 身弱四柱일때는 日干을 生하여주는 것이 用神이 된다. 日天干이 木이므로 木을 剋하는 것은 金剋木하여 金이되며 日天干을 生하여주는 것은 水生木하여 木을 生하여주는 것은 水가 된다. 그러므로 日干乙木을 剋하는 金을 찾으니 없다. 金이 없다고 用神이 없는 것은 아니다. 木의 힘을 빼버리는 것(木生火일때)이 있으니 火가 用神이 되는데 月에도 火가있고 時에도 火가있다. 이럴 때는 月에 火가 用神이 된다. 用神이 되는 五行이 四柱內에 여러 곳에 있을 때는 첫째 月柱에 있는 것을 정하고)둘째 年柱에 있는 것을 세째 時柱에 있는 것을 잡는다. 日柱에 있는 것은 잡지 않으며 四柱內에 用神이 없을 때는 日干의 五行을 目標로 하여서 身弱四柱는 日干을 生하는 運이나 日天干의 五行과 같은 五行이 吉運이 되며 身強四柱 일때는 日干의 五行을 剋하는 운이 吉運이 되며 또는 泄氣시키는 운이 吉運이 된다.

※ 特別한 秘法을 공개한다.

실예 (2)

四柱
年 木 水
月 火 木
日 木 木
時 火 수

이 四柱의 五行을 보니 四柱八字中에서 第一 많은 五行이 木이다 많은 木때문에 身强이 된 것이라 볼 수 있다. 그러므로 많은 木을 치는 金이 없으니 火가 用神이 되었지만 이 四柱는 많은 木을 짚어지고 가는 火運을 만나면 大吉한 운이 된다. 火運이라면 丙丁을 만나면 運路가 吉年이 된다. 大運丙丁年을 만나도 吉하지만 每年의 운세(歲運)에도 丙丁年이 되면 吉하며 每月의 月運이나 每日의 日運을 볼때도 丙丁月이나 丙丁日이면 吉運이라고 보면 著者의 秘法으로 百發百中으로 적중한다.

이와 같이 用神이 旺하면 (用神을 도와 오는 것이 많이 있을때) 福祿 大端히 많으며 用神이 쇠약한 四柱는 福祿이 적다고 본다.

※ 男子는 陽四柱로 身强四柱를 타야 成功 長壽할 수 있고 女子는 陰四柱로 身强四柱를 타야 成功 長壽할 수 있고, 風波가 없다. 萬若 反對로 四柱를 가지게 되면 不吉하다.

정상적이며 成功할 수 있고, 風波가 없다. 萬若 反對로 四柱를 가지게 되면 不吉하다.

※ 學者인 여러분을 爲하여 또다시 실예를 들기로 한다.

四柱

실예 (3)

年 金水
月 金土
日 木水
時 金木

四柱內에 五行인 金木水火土가 다 있는데 日干을 生해주는 것은 年支水와 日支水와 時支木하여 三個가 日干을 生하며 日干을 剋하는 것은 四個가 되니 身弱四柱이다. 그러므로 用神은 年支水가 用神이 된다. 即 水가 用神일 때는 用神을 生하는 運이 吉運이 된다. 他書에 보면 用神을 生하는 五行이 用神과 같은 五行이 吉運이 된다. 用神이 金이면 金運이 吉하며 用神 木이면 木運이 吉이 된다. 水를 生하는 것은 金인데 上記四柱가 金年을 만났다면 크게운이 不吉해진다. 한 四柱인 日天干을 金剋木하여 身弱四柱에 더 身弱을 시키니 어찌 좋을수 있겠는가? 이런 것을 理解못하고 四柱學을 研究하니 엉터리의 高聲이 山川을 울리고 있지 않는가?

※ 또 이러한 四柱는 어떤가?

실예 (4)

四柱
年 金金
月 土土
日 火火
時 木木

日干火를 生하는 것은 二個의 木과 一個의 火가 生하고 있으며 二個의 土는 泄氣시키고 二個의 金은 剋을 해주니 身弱이 된다. 그러므로 用神은 時干의 木이 用神이 되는 운이 좋다면 水운이 吉이라고 볼 것이다. 그러나 水運을 만나면 이사람은 완전히 大凶年이 된다. 理由는 用神인 木은 生해주지만 身弱한 四柱인데 日干火를 剋해주지 좋지 않다는 것이다. 그러므로 用神이 木인데 用神과 같은 五行인 木運을 만나면 用神을 도아주지만 身弱한 四柱인 日干도 生해주니 大吉運이 아니겠는가 이것을 喜神이라고 한다. 即甲年이나 乙年을 만나면 吉하다는 것이다.

五、四柱에는 重要한 四格이 있다

1、從弱格=日天干의 五行을 四柱全體가 相剋 및 泄氣로 된 것.
2、從强格=日天干의 五行을 四柱全體가 生해주던지 日干과 같은 五行으로 된 것.
3、身弱格=日天干을 生하는 것도 있는데 剋하는 것이 더 많을 때.

4 **身強格** = 日天干을 剋하는 것도 있는데 生해주는 것이 더 많을 때.

 以上의 四柱外에도 다른 格局도 있으나 數많은 格局만 찾고 연구하다 보면 쉬운 四柱도 풀지 못 하니 本書를 연구하는 學者는 필히 四格을 完全히 이해하면 自然히 四柱學에 通達될 것이다.

※ **從强格** = 日干을 生하거나 剋하는 것이 吉하다.
※ **從弱格** = 日干을 泄氣 및 剋하는 것이 吉하다.
※ **身强格** = 日干을 生하거나 日干과 같은 五行이 吉하며
※ **身强格** = 日干을 剋하거나 泄氣하는 것이 吉하며
※ **身弱格** = 日干을 生해주는 것이 吉하다.

실예 (5)

時 土土
日 金金
月 金金
年 土土

실예 (6)

종강격의 四柱이다. 이 四柱는 土金運이 吉하며 別途 用神을 잡지 않아도 된다.

年 水土

月 土土
日 水土
時 木土

종약격의 四柱이다(종살격이라고 한다). 이 四柱는 土運이나 木運이 吉年이 된다.

六、 用神이 代表되여 運路 鑑定法

他五行이 用神을 相生시켜주면 大吉運이며、 他五行이 剋시켜주면 大凶運이며 用神이 他五行을 相生시키면 並通吉運이며 用神이 他五行을 相剋시켜 주면 並通凶運이다.

실예 (7)

生年 庚寅 冠
生月 辛巳 刑病
生日 甲寅 冠
生時 壬申 冲胞

이 사람의 四柱는、 甲日巳月、 孟夏의 生인 故로 退氣가 된다。 年月干庚辛은 日天干을 剋하고 時支申은 胞에 있으며、 生日은 冠에 있으나 冲이 되어 弱해지고 生年寅과 時干壬이 日干을 도우나 日干을 生하는 五行은 壬、寅、寅木하여 三個뿐이니 身弱四柱이다. 그러므로 用神은 時干 壬水가 된다. 이 사람은 大運이나 小運, 月運等을 볼때는 用神은 도와주나, 日干을 剋하게 되니 身弱四柱인데, 더 身弱이 되는 것은 金이 되나 金運을 만나면 用神과 같은 壬癸의 水運을 만나면 같은 五行은 도와주는 것이 되므로 金運을 만나는 것을 꺼린다.

이 되며 日干 甲木을 水生木하여 도와주니 吉運이 되는 것이다.

실예 (8)

生年 壬辰 自刑 帶
生月 乙巳   冠
生日 丙辰   帶
生時 丙申 支合 病

이 사람은 丙日巳月에 出生하였으니 같은 火가 되어 日干을 왕성시켜주는 것이 되고, 生月干 乙木은 印綬가 되어 木生火하여, 日干을 도와주며 生時干 丙火는 比肩이 되며 같은 火가 되어 日干火를 도와주므로, 日干을 도와주는 것이 많으며, 극해오는 것은 壬水하나 뿐이며, 설기시키는 것은 辰土 두개뿐이며, 日干火가 剋하는 申이 하나 있어서 日干을 生하는 것이 四개며 日干과 극 및 설기시키는 것이 四個가 되나, 四柱中月支가 언제나 五行中에서 강하게 보므로, 日干을 生하는 것이 더 많은 것으로 되여서 신강(신왕이라고 한다) 四柱가 된다.

故로 用神은 壬水가 되며 吉運은 年干과 같은 水運을 만나면(大運, 歲運, 月運, 日運, 時運 볼때 同一하게 적용한다). 日干丙火를 剋시켜서, 身强四柱를 弱化시키고 用神壬水와 같은 水가 되여 도와주는 것이 되며 吉運이 된다. 만약, 이상의 四柱가 日干이 戊나 己日이 된 四柱라면 金運이 吉하게 된다. 理由는 身强四柱는 泄氣가 좋으니 土生金하며 用神水를 金生水하여 用神을 生하므로, 吉運이 된다.

吉運만, 찾은 후에는 凶運이나 平運이 될 것이므로, 吉運만 記述하는 것이다.

실예 (9)

生年 辛巳 浴
生月 壬辰 冠
生日 乙亥冲死
生時 壬午 生

現四柱는 乙木이 春月에 出生하여서, 때는 좋은 때에 태여났다. 그리고 時干壬水와 月干壬水와 日支亥水가 있고, 日干을 剋하는 年辛金一個가 있으며, 乙木의 힘을 빨어먹는 午巳火二個가 있으며 日干이 剋하는 辰土가 있다.

日干을 生하는 五行은 三個가 있고, 日干과 극설기등이 四個가 되니 身弱四柱이다. 用神은 月干壬水를 잡으면 年辛金이 바로 옆에서 도와오므로 用神壬이 強한 用神이 되며 月支에 12운성의 冠이 있어서 根이 있는 月柱가 되여서 吉한 用神이 된다.

그러므로 身弱한 四柱인 日干을 水生木하여서 도와주며 用神과 같은 水運이 만나면 吉運은 用神을 生해오는 것이 吉한데 水를 生하는 것은 金水가 된다. 그러나 水運을 만나면 用神壬水는 生해주지만, 身弱한 四柱인데 日干乙木을 직접 剋하게 되니 金운을 만나면 不吉하게 된다.

매년운, 매월운, 매일운을 볼때에 壬癸를 만나면 吉運이 되며, 무엇이 吉運인가는, 前에도 말했듯이, 年이 食神이 되면 食神해설을 해주고 食神運의 吉凶 판단은 지금까지의 吉凶五行으로 판단하는 것이다.

실예 (10)

生年 己未 羊刃 冠
生月 癸酉   生
生日 丁己   旺
生時 丁未 羊刃 冠

現在四柱는 丁火日生이 金月에 出生하여、火의 힘이 빠저서 月支의 도움을 받지 못하고 있다。

生時에 干丁火와 日支巳火가 있어서 日干을 도와주는 것은 두개뿐이며 丁火를 剋해 ㅗ는 月癸水와

火에 힘을 빼버리는 土가 三個나 있으며 月金은 丁日의 힘을 弱化시키고 있으므로 弱한 日柱인데

12운성의 冠旺冠이 들어 있어서 四柱의 根이 튼튼한 四柱가 되여서 아주 弱한 四柱는 아니더라

도 小弱한 身弱四柱가 된다。

그러므로 희신은 時干 丁火가 되며 運路는 木運을 만나면 희신 火도 도와주며、日丁火를 도와주

니 吉運이 되며 日干과 같은 火運을 만나도 吉운이 된다。 以上과 같이 原則에 따라 身上의 吉行

凶行을 찾아보고, 身强身弱을 찾아 살펴보면 생각했던것 외로 身强、身弱을 판단하기란 아주 쉬

운 것이되니、많은 연습을 거듭하면 익숙하게 되여서 命理學연구에 자신을 갖이게 될 것으로 믿

으면서 本書에는 特別한 秘法으로만 구조된 것이므로 노력에 힘을 기우리시길 바라면서 著者의

경험의 비법이 여러 사람에게 도움、되기를 간절히 바라는 바이다。

가령男子四柱라면

年 己未 土土

月 癸酉 水金＝用神은 木 이다。

日 丁巳 火火

時 丁未 火土

大運　壬申　水金
　　　辛未　金土
　　　庚午　金火
　　　己巳　土火
　　　戊辰　土土
　　　丁卯　火木

大運 解說

이 四柱는 身弱四柱이다. 그러므로 木이 用神이 되는데 四柱에 木이 없다. 그러므로 왜 身弱이 되였는가 하고보니 土가 많아서 火의 힘을 쭉 빨아 먹으므로 (泄氣) 身弱이 되였다. 即 土 때문에 망했다고 보라 그렇다면 원수가 되는 土를 어떻게 처리하여야 좋을 것인가 보니 土를 짐어지고 가는 것은 金밖에 없다. (土生金) 그러므로 내몸인 日天干의 火는 金을 剋하지만 나에게는 직접적으로 剋해오지는 않으니 金을 한신으로 삼아 보라. 그러면 金運을 만나면 用神을 도와주면서 많은 土를 짐어지고가니 원수가 되여 보기 싫은 土가 없어지니 내 四柱는 순탄하여질 것이다. 그러나 한신인 金을 生하는 것은 土이다 (土生金하니) 土運을 만난다면 土때문에 身弱이 되였는데 더 身弱이 될 것이니 土는 凶하다. 그리하여 壬水때문에 日干丁火를 剋해서 凶하고 申金 辛金 大

運에는 吉했고 庚午, 己巳, 戊辰, 丁年까지 凶했다가 卯大運부터 吉年으로 돌아온다.

※ 大運에서 壬申이 十年間의 運路를 찾이하고 있다. 十年中에서 壬字가 五年을 찾이하고 申字가 五年間의 運을 찾이하고 있으며, 辛未하면 辛字가 五年을 찾이하고 未字가 五年을 찾이하고 있어서 辛未하면 十年間의 運路에 吉凶을 지니고 있는 것이다.

실예 (=) 男子일때

年 甲子 地支　己巳
月 戊辰　　　庚午
日 乙亥　　　辛未
時 戊寅　　　壬申
　　　　　　癸酉
　　　　　　甲戌

※ 日干 乙木을 生해주는 五行이 四個木이 있고 二個水가 있어서 身強四柱이다. 그러므로 日天干을 剋하는 五行이 用神이 되는데 金이 없으며 日干의 힘을 泄氣시키는 火도 없다. 用神이 보이지않는 四柱일때에는 日干을 剋하는 運을 만나면 吉로 되는 것이니 金運을 만나면 吉運이 된다. 그러므로 庚午와 辛年, 申, 酉大運에 大貴, 大富가 되였다.

第二十三章 各種秘訣

一, 四柱란 中和를 (화해및 도와주는 것 又는 너무 강자는 弱하게 剋을 하는 것) 시켜 주어야 한다. 언제든지 用神을 相剋시키면 나쁘고 用神과 같은 五行이면 吉해진다. 그러나 必히 十二運星을 참조하라.

※ 四柱는 中和가 되여야 된다. 中和란 四柱八字에서 나온 八個의 五行中에서 五行이 없다던가 힘이 약한 五行이 도와오는 것이 있을때며 又는 相生이 많을 때는 剋시키는 五行이 있는 것을 中和되였다고 한다.

二, 調和 要領 四柱를 解說할때는 年月日時 四柱八字를 一단 정리 나열한 후 五行을 그대로 밑에 단후(金木水火土) 日柱干을 爲主로 해서 月柱支에 대결시켜 그 相對者가 旺節에 生하였는가 衰節에 生하였는가 (相生剋法으로) 分別한 후 日干을 月干支나 又는 時干支가 보조함이 많으면 剋하는 것이 있어야하며 反對로 年月이 日柱를 相剋하는 것이 많으면 日柱 衰弱하게 되니 生하여 주며 扶助하여 주어야 한다.

例를 들어보자

四柱內에 身强四柱일때는 反對로 剋하던지 泄氣일때는 生해주는 五行이 있어야 한다. 萬若 病菌은 우글거리는데 藥이 없다면 되지 않는 것과 같이 貧賤 又는 急、死短命하게 된다. 그러나 病菌도 없고 죽이는 藥도없다면 평범한 運命을 갖고 있는 사람이다.

三、四柱日支와 時支가 相冲이 되면 離別하지 않으면 相互間에 不平不滿으로 항상 살아가며 떨어져서 따로 산다.

四、易學이란 (四柱나 姓名學의 元祖라고 보면된다) 글자 그대로 變해서 바꾸어지고 또 바꾸어진다는 뜻을 갖이고 있는 것이니 鑑定時는 何時라도 農村人과 都市人과 서울人과를 分別해서 鑑定할 必要가 있다.

例를 들면 農村人은 農業이며 都市人은 公職이나 商工業이 主業이 아니겠는가.

五、年天干이나 地支가 서로 相剋、相冲이 流年 (歲運)에 逢하면 必히 財産、變業、賣家、訟事 等 不祥事가 있고 日柱를 他柱에서 相剋해 오는 것이 많은데 大運을 만났을때 大運이 日柱를 또 相剋해 온다면 그때 그 사람은 自身이 死亡하거나 喪妻 或은 離別破家의 不祥事가 난다.

例를 들면 甲寅日柱에 他柱가 金으로 되여 있다시피 많이 있으면 大運이 가령 十七 二十七 運인데 十七歲大運이 庚申이라면 十七大運드는해 死亡한다. 萬若 不然이면 財産敗 又는 家族中에서 죽는 사람이 있다.

六、 四柱日支와 大運地支가 冲이 되면 病苦, 賣家, 財敗한다. 四柱日支와 大運에 元嗔殺이 들어 오면 病苦財敗한다.

七、 四柱內에 伏吟이란 것이 있다. 伏吟이란 四柱中 日支가 子日生이며 大運에 子가 붙어 있을 때 이것을 伏吟이라 한다. 이 伏吟이 들때는 必히 大凶運이며 꼭 손해볼운이 發生하며 破財한다.

※ 四柱에 日地支가 寅이며 四柱生時가 巳時인 사람은 大運 드는해 申年이 붙어 있으면 官職에 있거나 어디에 있거나 직장에서 떨어져 나오게 되며 實業家 商業人은 大失敗한다. 또는 대개 疾病으로 앓거나 喪妻한다. 丑戌未도 同一하다.

※ 自刑도 보라 또는 相冲도 볼 것.

부부 이별도 한다.

八、 三刑

日柱子인데 大運午를 만나면 相冲이 되는데 이것도 같은 運을 갖어온다. 子午, 卯酉, 寅申, 巳亥는 四冲을 말한다.

九、 火旺節에 낳은 사람이 四柱內에 水가 없는 사람이라면 波瀾많고 或不具도 되며 無子다. 한 여름에 出生한 사람은 火旺節에 낳은 사람이 아니겠는가. 萬若水가 없다면 火를 빼 버리는 土가 있어도 있어야 한다. 그러면 큰 구원을 못하지만 半凶半吉은 될 수 있다. 多節에 出生한 사람은 하늘과 땅이 다 얼어 있을때 出生한 사람이 아니겠는가? 即 모든 萬物이 얼어서 찰대로 차거운

데 이럴때는 해가 빨리 떠서 햇볕을 속히 비추어야 모든 얼었었던 것이 녹아서 萬物이 되살아 날 수 있고 생명을 이을수 있지 않겠는가. 그러므로 四柱內에 火가 있어야 吉하다.

第二十四章 日辰秘法 및 各種特別運命

一、日柱秘訣

(1) 四柱日支가 火일때 他柱 地支가 全部火라면 土木火運等을 만나면 發達이 되고 水運大運을 만나면 不死아니면 病身 又는 기이한 大禍를 맞이한다.

(2) 四柱日支가 水일때 他柱 地支가 全部水라면 大運이 木水金이 되면 吉하지만 水를 훼시키는 大運을 만난다면 (土를 만나면) 不吉하여 大失敗한다.

(3) 四柱日支가 金이며 他柱地支가 全部 金일때 土金水運을 만나면 吉하지만 金을 훼시키는 火를 만나면 凶하다.

(4) 四柱日柱支가 土인데 他柱地支가 土이고 火土金의 大運을 만나면 吉하지만 水나 木의 大

運을 만나면 凶하다.

(5) 四柱日支가 木인데 他柱地支가 全部 木이라면 火木水運이 吉하고 土金運이 凶하다. 그러나 天干에 水가 있다면 金運은 大運일때는 半吉해진다.

二, 通關四柱란 것이 있다

(1) 通關이란 吉한 것을 말하는데 四柱日支가 木인데 四柱에 木도 많고 金도 많은데 水가 없다면 木과 金은 相剋이지만 여기서 水만 있다면 水하나가 木과 相生되고 又는 金과 木을 같이 이을수 있는데 萬若없다면 서로 싸우고 있는 格이니 大運이 水가 되여서 만났다면 이제 水가 四柱에 싸움을 말리고 있는 것이되니 四柱에 싸움이 잔잔해 졌으니 그 사람의 四柱가 이제부터 좋아졌다고 보라.

(2) 亥子月水旺節에 出生한 四柱인 사람이 四柱內에 火가 없다면 木이 있어도 좋지 않다. 왜냐하면 相生이 아니고 相生이 많이 있다면 剋해 오는 것도 있어야 좋다는 것이다.

(3) 空亡은 먼저 말했지만 時가 空亡되면 外家가 不幸하고 年月이나 月에 空亡하면 父母兄弟가 無氣力하고 年月이 相剋하면 父母無德하고 早年에 失敗多하다. 日과 月에 相冲 又는 相剋이되면 子孫 妻德無하다.

男女共히 四柱內 日支가 (旺盛他柱에서 도아 오는것) 하면 本家庭이 大富하며 結婚後 妻德有하다.

※ 四柱日天干이 身弱할때 日天干밑에 地支偏官正官等 官殺이 있으면 大運드는해 偏印, 印綬等의 (印은 나를 도아 오는것) 印綬 드는 大運해에 男子는 結婚하고 女子는 出嫁한다.

※ 四柱에 印星이 多며 財大運이 들면 生男하며 四柱에 比肩 劫財 多며 官大運 또는 食神大運 들면 生男한다.

가령

大運은 金인데 用神은 水라면 用神을 生해주는 것이된다.

(4) 大運秘法 大運은 用神을 生助하면 吉運이며 用神을 相剋시키면 凶運이다.

三、用神秘法

節期와 日柱天干을 相生相剋시켜서 身弱인가. 身强인가를 안 연후에 또 三合、六合 및 干合 되어서 他五行으로 變하는 것도 考慮하고 用神은 反對로 잡으라.

(1) 四柱의 地支에 同一한 五行 即 金金金이나 水水水나 木木木等으로 찾이하고 있는 四柱일 때 用神을 冲하는 해는 急凶한다.

(2) 又는 天干의 全部가 比肩 또는 劫財로 되어 있는데 四柱內에 食神 傷官이 극소할때 또는

偏財 正財의 財星을 만나면 (群比爭財하는) 財星이 吉神이라도 終命하게 된다. 即 五行으로 相生相剋시켜 본다.

(3) 大運에도 十二運星에 死葬絶等을 붙이어 본다.

男子는 大運에 偏官 正官이 들었을때 葬이 붙으면 (日干으로 대조한다). 그 年에 有害며 正財大運에 入墓면 本妻가 害를 當하여 偏財밑에 墓가 붙으면 父親이 害롭다(墓는 葬을 말한다).

又는 女子라면 食神大運이 墓가 붙으면 子息有害며 偏官 正官等에 墓가 붙으면 男便이 害롭다.

四柱 日柱 地支와 大運地支와 刑、冲、破、害되면 夫婦間이 離別 아니면 殺名 글자 그대로 運을 當한다(殺名이란 刑、冲、破、害等).

四、 몇살 몇살때 運을 내는法

大運과 相對하는 것과 同一하며 當年의 干支가 用神을 相剋하는지 相生하는지 안후、 相剋시키면 나쁘며 相生이 되면 吉하다. 또 日月의 支를 大運이 冲破害시키면 不吉하고 合되면 平運이며 吉로 보라.

(1) 첫째 用神과 大運과 相對시켜서 凶이나 吉이나를 본 후에 現在의 年運을 또 用神으로 대결시켜 본다. 全部 大運도 用神과 吉이고 年運도 用神과 吉이면 大吉하고 用神으로 大運을 相剋시키면 凶하고 每年運이 用神을 相剋시키면 凶할때는 大凶年이 된다.

※ 當年의 干支가 모두 用神에게 이로우면 그해 年運은 大吉하고 모두 不利하면 그해 年運은 大凶運이 된다.

(2) 或 用神으로 當年 年運을 보는데 天干은 吉하고 地支는 相冲破害等으로 나쁘면 吉凶事가 겹쳐 發生한다. 이외는 平凡運으로 보며, 吉凶運, 그대로 보면 된다.

(3) 當年에 地支가 四柱에 日柱又는 月柱를 冲破刑이 되면 口舌 離別 爭鬪 職業變動等이 있다 特히 日柱와 刑冲되면 本妻運이 나쁘고 月支와 刑冲되면 父母宮에게까지 運이 나쁘다.

(4) 大運과 用神이 吉運이 되더라도 日柱와 大運에 刑冲이 들지 말어야 한다. 萬若 刑冲이 되면 하는일이 바쁘기만 하지 실속없고 失敗하는 運이다.

(5) 用神과 大運을 相對시켜서 大運이 吉하더라도 그해 가령 (十九歲의 大運이 壬子며 年運이 己丑年되듯이) 年運이 大運을 相尅시키면 凶하고 相生시키면 吉하다.

(6) 每年 財運(일년신수법) 四柱日柱 天干에서 當年에 天干과 (壬子年 運을 보려면) 대결시켜 六神을 찾아가지고 (比肩劫財等) 用神을 가지고 일주와 五行을 相生相尅시켜 보면 生이나 尅이 나오는데 生, 尅의 원리는 六神아래 答을 가지고 말하라.

가령 四柱日干이 甲인데 壬과 相對하니 나를 도와오니 偏印이다 그런데 用神은 가령 火라면 壬水가 用神火를 相尅시킨다. 그런고로 나쁜운인데 무엇때문에 나쁜가는 偏印에 解說 學術的外에는 명예손상 疾病, 等에 일로 不吉해진다고 보라.

(7) 流年 및 年運 解說 (用神 相生相剋으로 判斷한다).

比肩=親友、父母 夫婦와 分家아니면 事業으로 因해 번창 축소等의 일이 있다.

劫財=財産損害 도적 官廳口舌 言爭등의 吉凶事가 있다.

食神=健康、財産、結婚、유흥、바람等의 吉凶事가 있다.

傷官=財産、身病、重傷、신용타락等의 吉凶事가 있다.

偏財=情事關係、健康衰旺、財産等의 吉凶事가 있다.

正財=事業關係、信用關係、財産、結婚等의 吉凶事가 있다.

偏官=鬪爭、病害、離別等의 吉凶事가 있다.

正官=名譽、權勢、旺衰、信用問題、子孫等의 吉凶事가 있다.

印綬=名譽關係、學術關係、事業等의 吉凶事가 있다.

偏印=試驗合格、學術發展、名譽關係、疾病等의 吉凶事가 있다. 以上은 年運 볼때도 보지만 每月의 운도본다. 그러나 本書는 完全秘訣集이므로、著者의 特別法을 다시 알려드리니 많은 연구를 하여 보시고 下記事項의 月運見視通用法을 必히 使用하여 보면 과연 적중률이 어느 정도인가를 알 수 있을 것이다. 본 書册에 여러분이 보시다시피 다른 學說에서 전연 보지 못하고, 듣지 못한 法이 있는 것을 피부로 느낄 것이니 本書에 對한 著者의 노고에 십분 감사함을 느꼈으면 대단히 감사하게 生覺하겠다.

※ 月運見視適用(男女同一)

比肩 吉=職業新規始作 또는 職場變化, 不動產賣買契約 等 發生한다.
　　 凶=夫婚離別, 職業失敗 妻別後再逢事等 發生

劫財 吉=職業變化, 家土買入事發生
　　 凶=手術, 盜賊, 母親外傷, 口舌망신, 外國旅行 夫婦中 도망, 小兒는 分失事等 發生

食神 吉=結婚財産入, 新規事業始作, 女는 生男 家土買入, 就職等事發生
　　 凶=바람나며, 損財, 女子와 口舌, 事業不振等 發生

傷官 吉=信用타락이 회복되고, 건강이 완쾌되는 等 發生
　　 凶=교통사고, 수술, 중상모략, 신용타락, 落職中年 以上의 女子는 異腹子息근심等 事發生

偏財 吉=연애시작, 財産入, 女子도움等 事發生
　　 凶=夫婦離別, 財産損害, 사기당함, 50歲 以上 女子는 孫子근심 男子는 妾근심等 事發生

正財 吉=結婚 및 再婚, 財産入, 男女間 바람나며 부동산 買入등 事發生
　　 凶=夫婦離別, 財産失敗, 男女間 바람나고, 喪妻, 不動産販賣等 事發生

偏官 吉=職場變化, 昇進, 結婚, 生男等事有
　　 凶=官廳口舌, 身病, 手術, 夫婦離別, 또는 간부를 만나는等 事發生

正官 吉＝昇進, 就職전근, 結婚등 事發生

凶＝落職, 男片과 離別, 盜賊, 妻도망, 극약복용, 남편 바람피우는等 事發生

偏印 吉＝不動産賣買, 試驗合格, 事業始作, 外國去, 結婚等 事發生

凶＝三十歳以上不動産販賣, 移舍, 疾病, 盜賊, 쓰리 二十五歳 以下男子는 극약복용等 事發生

印綬 吉＝試驗合格, 事業成功, 學術成功, 外國旅行

凶＝不動産賣買有憂, 學術失敗, 盜賊, 死運 三十歳 以上男者家土販賣有憂等事 發生

※ 毎月 신수보는 法

毎月에 신수는 年運法과 同一하나 다시 말하는데 四柱에 用神으로 毎月에 天干과 相對시켜서 毎月의 天干五行이 四柱用神을 生하여주면 吉하고 月干이 用神을 相剋을 하면 凶이라고 본다. 何事로 吉凶인가는 四柱 日柱의 天干과 毎月干과 六神을 표출시켜서 해당한 運을 보며 도 地支로 五行 相生相剋및 冲破를 본다.

例를 들면

年 甲子 木水 子丑 合土
月 乙丑 木土 乙庚 合金
日 丙寅 火木

時 庚寅 金木

身强四柱인 것 같으나 身弱이 되며 用神은 日干을 生하는 木이될 것이다. 每年의 正月은 寅月이며 二月은 卯月인데 地支는 변동이 없으나 天干은 每年 每月마다 변화가 오는데 正月이 庚寅月이라면 庚은 金이므로 日天干과 六神을 보니 偏財가 된다. 正月金이 用神木을 剋하니 (金剋木) 不吉月이 되는데 무엇이 不吉한 것인가는 上記解說에서본 流年解說에서 偏財는 情事關係 健康衰退 財産의 運이 不吉하게 된다. 가령 七月의 月建이 甲申月이라면 甲木이 四柱日天干을 生해주니 偏印이 되는데 甲木이 用神을 生해주니 偏印運이 吉하게 된다.

上記 偏印 해설을 보면 시험합격 학술발전 명예관계가 成功이 되는 운이다.

※ 每日의 日運도 用神을 가지고 그날의 日辰을 相對하여서 보는데 단 다른점은 天乙貴人 月德 貴人을 붙여서 吉凶判斷하면 完全하다 十二運星을 붙여서 鑑定하라.

※ 父母德 無한 四柱는?

月建이 父母의 運을 가리키니 月建을 주시할 것.

8、 四柱月上에 食神이나 傷官이 있을 때.

2、 四柱內에 印綬가 있으면서 他柱에 依하여 印綬가 衰弱해져 있으면 又는 月에 印綬가 있는데 他柱에 刑冲되어 오면 德無也.

(二七) 有妾四柱

偏財는 妾이고 正財는 本妻이다.

1. 四柱內에 正財와 偏財가 똑같이 있는 四柱는 必히 妾을 두거나 再婚한다. 그러나 正財를 用神이 生해주면 妾이 오래가지 못하고 同時正財가 弱하고 偏財가 旺할 때는 本妻보다 妾이 本妻가 된다.

2. 四柱가 身弱四柱이며 偏財 正財等이 많이 있어도 妾을 둔다. 四柱地支에 子午 卯酉가 있으면 酒色으로 死亡한다.

3. 四柱地支에 六合이 많으면 음탕하다.

※ 兄弟德有無 四柱란?

比肩 劫財가 兄弟이다. 이 比肩 劫財가 用神일때 또는 用神을 相生해줄때 兄弟德이 있다. 十二.

※ 妻德有無關係

妻는 正財이고 妾은 偏財이다. 四柱內에 正財가 없는데 偏財가 있으면서 他柱에서 偏財를 많이 相生되어 오면 妾을 正妻로 삼는다.

7. 四柱內에 正財가 吉神이 되면 妻德이 있으며, 正財가 되는 五行과 用神이 相剋되면 無德이 된다.

運星에 吉星이 붙으면 有德하다.

1, 兄弟德無한 四柱는 比肩 劫財가 用神과 相剋되는 五行이 될때는 無德하다.

※ 富者四柱란?

身強四柱는 잘산다.

1, 財星 (正財 偏財等)이 四柱에 많으면서 印星이 있으면 잘산다(단 身強四柱면서 財多래야 된다).

※ 貧者한 四柱

身弱四柱는 가난하다.

1, 身弱四柱는 財星이 많이 있으면 오히려 가난하다.

2, 用神이 없을 程度는 衰弱하고 어느 것이 用神인지 모를 程度되는 四柱는 貧財하다.

※ 官祿으로 成功할 四柱란?

官星四柱이며 正官星이 많으면서 財星이 있어서 官星을 相生 시켜주면 官이 成功이 되며 大運에 用神을 財星이 도와오는 때에 成功이 된다.

※ 長壽한 四柱

1, 五行이 모두 具備되었고 五行이 모두 相生되는 것이며,

四柱全體가 吉한 것

2、 四柱에 五行 이외에 沖이나 破가 없는 四柱
3、 身強四柱에 劫財正財等이 弱하며 食神 傷官이 같이 있는 것

※ 短命四柱
1、 四柱日柱가 아주 衰弱하고 他柱에서 相剋相冲하여 올때.
2、 月支와 時支, 年支와 時支가 서로 相冲되면 短命하다.
3、 四柱가 凶한 것.

※ 凶死 惡死하는 四柱
羊刃殺이 惡死를 가리킨다.
1、 四柱內에 羊刃살이 많으면 凶殺한다(客死 燒死 惡死를 말함).
2、 驛馬殺과 羊刃殺이 같이 있으면 客地에서 客死한다.
3、 桃花殺 沐浴殺 羊刃殺等이 모인 四柱는 色情으로 因해 橫死한다.

※ 死亡時期는 年運이 (四柱內에 用神을) 剋官하면 短命의 위험 닥쳐오는 것으로 간주하라.

※ 疾病은 어떤것이 오는가?
四柱內에 五行多나 又는 五行無인 가로 본다.
1、 甲乙木이 多나 無한 四柱는 간장, 담, 신경계통, 特히 精神病이 자주온다.
2、 丙丁火가 多나 또는 無한 즉 심장 小腸 眼目病이 자주온다.

3. 戊己土가 多나 無면 위장 비장 복부 피부병이 자주온다.
4. 庚辛金이 多나 無면 肺 大腸 筋骨 四肢病이 자주온다.
5. 壬癸水가 多나 無면 신장 방광 血液等의 병이 자주온다.

언제 生기는가, 하는 年齡은 四柱에 가령 火가 없는데 又는 火가 많이 있을때 大運과 相剋 相沖이 되는 大運年에 發生한다. 다른 五行도 같이 된다.

※ 寡婦의 四柱

偏官 正官이 男便이다.

1. 四柱內에 官殺이 적고 財星이 없으며 生日柱가 강하면 과부된다.
2. 四柱內에 死葬이 있으면 夫婦가 風波多有
3. 刑冲이 많아도, (何柱라도) 風波多有
4. 四柱中 偏官과 沐浴殺이 同柱되어 있으면 (何柱라도) 男便이 妾을 두지 않으면 夫婦離別 한다.

以上으로 四柱를 끝마치니 앞으로 四柱學을 더욱 硏究的인 실습을 바라며 著者인 本人은 많은 사람의 운로를 더 좀 확실하게 감평하여서 易學의 참된 과학적인 학술의 천대와 멸시를 받지 않도록 하기 위하여 本書에 특수비결을 기술한 것이니 참된 뜻을 깨닫고 만민에게 피해가 되는 일은 삼가주기를 바라면서 이책은 끝을 마치며 다음 特別冊을 또 著書할 것이니 여기에서 不足한 점은 다음책 (大四柱秘典)을 보시기 바랍니다.

◈ 도서 생활문화사 (추송학 저서) 목록 ◈

번호	책 명	정 가	책 내 용 설 명
1	영 통 신 서	20,000원	주역 384효동 수록 매일 시간 운까지 아는책
2	관상학총비전	10,000원	한글판으로 관상을 아는 관상 비법 일체 수록
3	사 주 비 전	15,000원	사주의 기초로 누구나 쉽게 통달할수 있는 책
4	유 년 보 감	10,000원	한글판으로 유년 신수 및 신통부적이 있는 책
5	대 사 주 비 전	15,000원	사주비전에 수록하지 못한 비법 일체 수록책
6	예 방 비 법	15,000원	각종 부작 예방의 기초로 시험 삼재등 일체책
8	구 성 학 비 법	15,000원	일백 이흑 등으로 운명 및 신수에 관한 책
10	음 양 전 서	10,000원	궁합 택일 이사방위 등을 쉽게 볼수 있는 책
11	성 명 학 비 법	15,000원	작명 해명 회사명 등을 쉽게 이름 짓는 도서
12	감 정 비 전	5,000원	사주로 운명을 감정하는 감정 속성 비결수록
13	역학특수비법	10,000원	사주로 특수한 운명 감정의 비법 등이 수록책
14	새생활만세력	20,000원	2050년까지 만세력 구성이 있고 사주 찾는책
16	그 림 추 사 주	20,000원	한글판으로 운명 자녀수까지 아는 당사주 책
17	토 정 비 결	15,000원	상하 합본 384괘로 본사유일 복원책 下篇 無
18	송학작명사전	15,000원	획수별 오행별 특수표시로 작명할 때 필수 책
23	일 시 비 법	10,000원	매일 그 시간의 운과 상대방의 운을 아는 책
26	증 산 복 역	20,000원	육효의 기초부터 실전까지 확실히알수있는책
27	풍 수 비 결	15,000원	풍수의 명당터를 쉽게 보고 배울 수 있는 책
28	성 명 의 신 비	20,000원	작명 해명 회사명 등을 자신있게 작명하는 책
29	추송학택일력	6,000원	매일운수 매월신수 결혼 이사날 등을 보는 책
30	신 통 사 주	20,000원	사주 공부하여 신과 같이 명판단 하는 교재책
33	대 운 천 세 력	15,000원	2027년까지 만세력 책으로 남여의 대운 표시
34	대운천(수첩)	7,000원	만세력 책으로 대운 천세력의 4분의1의 축소책
35	경 마 비 법	10,000원	시간을 육효괘로 잡고 경마행운숫자 아는 책
36	수 상 비 법	20,000원	손의 생김새와 손금으로 일생의 운을 아는 책
37	역 점 비 법	10,000원	주역 육효학의 특별한 비법 일절 수록한 책
38	한 방 대 성	25,000원	병을 치료하는 처방과 진단 방법이 들어 있는
39	가 상 비 법	10,000원	가정 및 문짝의 위치만 보고도 내력을 아는책
40	종 합 불 경	10,000원	한글판 각종불경 경문과 해설/천수.옥추경 外
41	육 친 비 법	20,000원	육친에 대한 일체의 해설 및 비법이 수록된책
42	천 간 명 주	12,000원	한글판 천간으로 평생 운 매년 운을 아는 책
43	사주강의재1권	15,000원	일생의 성격 직업 금전 건강 설명이 있는 책

☯ 철학원 개업하실분 자격증 발급 대행해 드립니다. ☎ 팩스 02-2265-6348

44	사주강의제2권	15,000원	사주학의 기초부터 천간지지 설명이 수록된책
45	사주강의제3권	20,000원	각종 운명 해설의 총설명과 실예를 수록한 책
46	사주강의제4권	15,000원	운명의 끝맺음과 총괄설명 및 실예를 수록책
47	사주강의테이프	30,000원	사주강의 비법이 녹음된 6개의 테이프 세트入
48	육효전집제1권	20,000원	육효 팔괘의 배합 및 기본 64괘 총 해설집
49	육효전집제2권	20,000원	64괘 해설 및 괘 작성 방법 등의 비법 수록
50	육효전집제3권	20,000원	재물점에서 부터 모든 점의 실예 일절 수록
51	육효전집제4권	20,000원	모든 점을 실예로 수록하여 끝을 마무리한 책
52	매 월 운 세	20,000원	한글판으로 시간으로 육효 점술 신수 보는 책
53	운 기 누 설	10,000원	한글판으로 사주의 약점을 이름으로 보충하는
54	인 생 운 명	10,000원	한글판으로 상대의 성격 등을 쉽게 판단하는
55	지 장 경	5,000원	한글판으로 지장경의 원문과 해설이 있는 책
56	백 년 경	20,000원	한글판으로 년월일시로 평생사주를 쉽게 보는
57	오 주 명리학	6,000원	사주에 절기를 추가하여 오행 열개로 보는 책
58	오 주 산 책	6,000원	오주의 오행 열 개로 실예를 들어 해설한 책
59	신 통 부	20,000원	한글판으로 750여종의 특수 부작을 수록한 책
61	궁합의 선 택	5,000원	오주의 오행 열 개로 궁합의 해설을 하는 책
63	사 주 해 설	10,000원	한글판으로 사주기초부터 누구나 알수 있는 책
65	가 정 보 감	20,000원	관혼상례법 일체 수록하고 사주 기초 수록 책
66	팔 괘 감 정	15,000원	한글판이며 주역 팔괘를 쉽게 알수 있는 책
68	명리는천기다	20,000원	사주의 용신 잡는 법과 사주의 특수 풀이법
69	풍 수 지산록	35,000원	한글판으로 풍수 보는 법과 명산이 수록된 책
70	특 사주 비전	35,000원	한글판으로사주의 특수비법과 부작이 수록된
72	육효학이론과실제	30,000원	주역 육효의 해설 및 이론의 실제 조직 방법
73	귀 곡 전 서	50,000원	고객이 찾아온 이유를알고 경마행운 숫자수록
74	산문의풍경소리	15,000원	불교 교리 강의를 체계적으로 쉽게 풀이한 책
76	사주명주격파	25,000원	사주 마지막마무리 일주비법,비결과 격국통변법
77	명 리 산 책	50,000원	한글판 사주박사만들기 기초부터 격국용신법칙
78	작 명 대 감	100,000원	한글판 누구나 이름을 성씨만으로 작명하는 책

※우편 : 0 4 5 5 9   서울시 중구 퇴계로 49길 26 (36-19 오야 207호)

우체국 온라인 번호 010231-06-001320   추병기 앞 ☎ 02-2265-6348
농 협   0 8 4 - 1 2 - 1 4 7 0 0 5   추병기 앞   팩스 02-2274-6398

◆ 책 대금은 위의 계좌 번호로 송금후 연락주시면 보내드립니다.

四柱學業書

不許複製

사주비전

1978년   3월 15일 초판 인쇄
2016년   5월 25일 재판 발행
저 자 : 추송학
발행인 : 秋松鶴(秋順植)
발행처 : 도서 생활문화사
대 표 : 추병기
주 소 : 서울 중구 퇴계로 49길 26
        (36-19 오야 207호)
전 화 : 02 - 2265 - 6348
팩 스 : 02 - 2274 - 6398
등록 1976년 1월 10일 제2-304호
ISBN 978-89-8280-003-4 13180

【 정가 : 15,000원 】